鲸歌
我们拥有同样的音频和心跳

看这个世界
红了樱桃，绿了芭蕉

凉月满天 ／著

四川人民出版社

图书在版编目（CIP）数据

看这个世界红了樱桃，绿了芭蕉 / 凉月满天著. —成都：四川
人民出版社，2017.6（2018.6重印）

（中考热点作家美文系列）

ISBN 978－7－220－10228－8

Ⅰ.①看… Ⅱ.①崔… Ⅲ.①阅读课－初中－升学参考资料
Ⅳ.①G634.333

中国版本图书馆 CIP 数据核字（2017）第 129051 号

KANZHEGESHIJIEHONGLEYINGTAOLÜLEBAJIAO

看这个世界红了樱桃，绿了芭蕉

凉月满天　著

统　　筹	张春晓　唐　婧
责任编辑	唐　婧
责任校对	王鲁琴　王　璐
装帧设计	张　妮
责任印制	祝　健

出版发行	四川人民出版社（成都槐树街2号）
网　　址	http://www.scpph.com
E-mail	scrmcbs@sina.com
新浪微博	@四川人民出版社
微信公众号	四川人民出版社
发行部业务电话	（028）86259624　86259453
防盗版举报电话	（028）86259624
照　　排	四川胜翔数码印务设计有限公司
印　　刷	成都国图广告印务有限公司
成品尺寸	145mm×210mm
印　　张	9
字　　数	230 千
版　　次	2017 年 8 月第 1 版
印　　次	2018 年 6 月第 2 次印刷
书　　号	ISBN 978－7－220－10228－8
定　　价	28.00 元

目录
Contents

 第一辑
边走边白

第二辑
烟花甜

第三辑
春风杨柳

第四辑
十万春花

第五辑
凡间行路

第六辑
百花深处

第七辑
孤独的香水

第八辑
必经之路

第一辑
边走边白

水瓶里的牡丹花

晴日风暖，赏牡丹。大佛寺的牡丹开得好。

不是长假，没有游人，楼阁钩心斗角，佛像妙相庄严。牡丹长在后园。世上人家建筑不可只有前堂，没有后院。前堂端俨尚敬，后院风光无限，所以杜丽娘才会游园惊梦，唱"良辰美景奈何天，赏心乐事谁家院"。

这里的后园果然也是天上人间。

牡丹开得好，开得高。走进牡丹林像走在森林里的感觉，钻出来，一身黑衣沾满金黄的花粉，像蜜蜂。牡丹多叶少花，紫红的花瓣，繁复到让人敬重，好像古代女人裙袄鞋面袖帕上精致无两的绣花，透着人世安闲繁华。

再往前才真正看到牡丹丛，矮蓬蓬的叶，海碗大的花，浅紫淡粉、莹白绛红。花很香，不是兰花的香，也不是梅花荷花的香，是那种甜到呛喉咙的香，"一枝红艳露凝香"的香，"回眸一笑百媚生，六宫粉黛无颜色"的香。

一步步走，一朵朵看，真漂亮，真漂亮。

同行的朋友已经走远，我还在步步流连，因为生怕自此一别，再来已是明年。而到了明年，再开出来的花，也已经不是这一朵、这一瓣。

再见不是再见，此别即是永别。

谁想第二天我又来了呢？带着母亲和小女，来看大佛寺里演"千手观音"。漂漂亮亮的女孩子们穿着明黄尊贵、宽腿瘦腰的衣裳，摆出观音的姿势，就那样行云流水一样的身姿一会儿一换，一会儿一换。

一时想远。孙悟空造反，对佛祖说皇帝轮流做，明年到我家，让玉帝老儿搬出去，他要住玉帝的天宫。佛祖说你这猴儿说话不知轻重，玉皇大帝自幼修持，苦历过一千七百五十劫。每劫该十二万九千六百年，方能享受此无极大道。当时读书，读到这个"劫"字，不痛不痒，如今人世历遍，人情冷暖，再回头想这个"劫"字，方晓得他不知道经历了什么样的伤痛。或许残缺，或许失怙，或许受辱，或许被骗，或许遭打，或许入监，或许砍头，或许戍边，或许受屈含冤，一时急痛怒恨，恨不能把天咬个窟窿，就这样一世世脚踩火炭，头戴荆棘冠冕，熬啊熬，不知道什么时候才是出头那一天。这一刻真恨不得替他大哭一场。观音救苦救难，那必也是她历经了数不清的人间苦难，方才和世人有了通感。别看她此时美妙清欢，身上串串璎珞不是泪，是血。

有首老歌唱"啊，牡丹，百花丛中最鲜艳，啊，牡丹，众香国里最壮观。有人说你娇媚，娇媚的生命哪有这样丰满；有人说你富贵，哪知道你曾历尽贫寒。"真是，哪朵花开都不是凭空绽放，都是寒冷、寂寞、艰难苦恨打底绣出来的光华明艳。

而此时，它们还等在后园。

母亲老了，却也在花丛流连。女儿还小，也在花丛流连。我又来了，可是我所见的，已经不是昨日牡丹。花还是那朵花，只是那朵花的昨日已经不在。一眼万年。

母亲掐了一枝花苞带回来，拿一个矿泉水瓶，满盛了清水，长长的花梗插进去，它就这样吸饱了水，一点，一点，绽开。朵大如碗，又香又甜。阳光不烈的时候，我把它放在窗台，阳光强烈又移到床头，早起向她问安，次次夸她漂亮。猫把小鼻头凑上去嗅啊嗅，也爱闻她的香。

这是一个旅游的季节，朋友又相约去赵县柏林禅寺。去得早，游人少，进门处那棵像丫鬟的抓髻似的大树丫还在，还是挑着一串串的爬山虎叶，像一串串的绿珠钗。数年前与另一个朋友来——如今那个朋友已经往生。那次也是春深，柏树茂盛，竹林也茂盛，却独有一丛枯竹，在一个很冷的角落，风一吹，窸窸窣窣地响。此次来访，它已不在。

寺院不大，片刻看完。要走了，却流连，檐前铁马轻轻的声音响起来。心里说再见，再见。

回到家，床头牡丹已凋谢，它自己落了花瓣，层层的艳红铺在水瓶四面。不忍扔，不忍埋。

世情纷繁，人生突变，再不愿意离开的地方也离开了，再不愿意让它开败的花也已凋残。花朵如佛法，没有什么是常住不坏。人的生命，也不过是从花茎上被命运掐下来的一朵牡丹，插在尘世的水瓶里，该怎么开，就怎么开，该怎么谢，就怎么谢。

秋天的树

不知从哪里看到一句话："所谓人生就是背着沉重的行李去赶一条长长的路，着急是绝对不行的。"树的一生也是背着沉重的行李去赶一条长长的路，所以它也不着急。

春天一到，树就开始带着些不耐烦的神气抽枝长叶，花也争先恐后爬上树头，细碎，挨挤，像堆雪，像怒霞，像红云，像树上的大观园。它们用人耳听不见的嘤嘤的声音调笑嬉闹："你压了我的裙子"，"你扯住我的花衣裳"，"看你，把我的脸都抓破了"……

有的花生气了，粉脸通红，像林黛玉，薄腮带怒，杏眼微睁；有的被人赏看得不好意思，扯过半片树叶遮住脸；有的迷上一个英俊的行人，使劲看、看——可惜他没感觉，目不斜视地走过，剩下它独自伤心。它们的笑闹让树头发痒，就像一个人戴了丰冗的花冠，想抓又抓不了，是一种无可奈何的痒。

真的，槐花，柳毛，合欢，谁也不愿辜负青春盛年，春天一到，纷纷纠缠，让树焦躁不安，真烦。

好在春天短暂，转眼每一片叶子都已经长大，每一朵花都准备结果子，开始正经八百过日子，没有了惹树烦的兴致。于是这个时候树不再烦，开始累，疲于奔命，拼命把根朝地底下钻，拼命吸收营养然后给叶们送去，生命不息，输送不止。就像《四世同堂》里的祁老太爷，带领七长八短的一大家子，咳嗽、吵闹、叹气，听人诉苦，判决是非，身不由己。

所以说盛夏的树是有点无奈的，顶着繁华茂盛的大脑袋，鹊也飞来，雀也飞来，有点像贵为皇帝的顺治，一边笙歌惹人醉，一边想着清净孤独的世界。

这样的心境一起，说明这棵树开始把生命想透彻——任何一个透彻的生命都会在一种自觉自知的状态下主动摒弃一切。所以当秋风把叶子片片吹下，是一种让人轻松的割舍。甚至没有一丝风的时候，树也主动往下剥自己的叶子，一片一片，有一种痛楚的决绝。

除了松树和柏树。这是两种多么执着的树啊，拼命想卫护住生命的激情，大雪纷飞还要强打精神，不肯卸妆退场。它们有诗人的气质，能量大，激情不肯稍泯，又有大长今不达目的不罢休的不合宜不明智的韧劲。真的，树也如人，各有脾气秉性：有的天性淡泊，秋天一来，达到内外双修的和谐；有的天性要强，喜欢在奋斗和搏击中获得喜剧性或悲剧性的快感。自然界的最妙法则就是让每一种生灵都可以顺其自然。

我的窗外有两株树，都是大叶杨。我看着它们用一个秋天的时间把自己一片一片剥得精光，我替它清爽。就是不知道什么时候自己也能享受这种凉风起天末，云外传来悠悠暮鼓晨钟声的干净和从容。

落叶满阶红不扫

秋天里落叶翻飞，到处重重叠叠，却又非绣非锦。正像千年古缎一朝挖掘，皱褶里藏着许多衰老和疲惫，阳光下让人担心一碰成灰。一下子想起一句诗来："秋风吹渭水，落叶满长安。"

碧水长天，一派清寒，风过处凉意无边。落叶开始飘飞，霎时间纷纷扬扬，覆盖了这样一座千年大城。汉唐的露水呢？美人的啼妆呢？达官贵人的峨冠博带呢？侠客长剑的呛呛龙吟呢？一切都如落叶，Gone with the wind。

世间万事，莫不如此。

我手里有一套戴敦邦绘《长恨歌》，牡丹花前贵妃盛妆严饰，风流婉转，无上美丽。"云鬓花颜金步摇，芙蓉帐暖度春宵。"杨贵妃对镜理妆，明皇捧着花冠要给她戴上。镜里人面如花，眼波流转，二人相对，霎时都有些痴。这样的恩爱，当然任凭它鸟儿在窗外喳喳叫，花儿静悄悄地开，一室温香里睡着两个鸳鸯，好梦不愿意醒来。

可是红尘繁华中有些乐事，却不能永远依恃，转眼间化烟化灰。这句话像是给这个世界上所有的芳华繁盛下的一个凄凉的谶语，你看她果然就落了个宛转蛾眉马前死。画面上那个芳华绝代的红衣女子横躺在地，满地落花飘零。一代美人，就此消失，如同秋风漫不经心地吹下一片长得不牢靠的叶子。

为什么突然想起这些？因为我正面对满山的落叶，看着它们雨样落下，不知怎么就想起了一句诗：楼兰空自繁华。

想当初，春叶初滋，浅碧醉金，陶陶然迎风起舞，可是转瞬间就风雨交加。一片叶子一生能够经多少次风？历多少场雨？风狂雨骤中又有多少叶子中途离席？今天还在借着风力彼此触摸，唱着歌称兄道弟，明天已经天上地下，你东我西。落了的蜷曲在地，已经什么都不知道了，枝上的虽然日日悲悼，亦无可如何。

我手里还拈着一片刚从树上摇下来的红叶。已经跋涉过三季的叶子却在猝不及防中断然零落，来不来得及大叫一声"不！"呢？电视剧中不是这个样子吗？巨大变故面前谁肯安静和沉默？可是叶子不演戏，它落了就是落了。对待生命，人也许远不如一片叶子透脱。

秋天来了，一个小和尚天天扫落叶，扫得自己头大："这要扫到哪一天才算完啊。"一个老和尚跟他说："你把树上所有的黄叶全都摇下来扫出去，不就省事了？"于是他抱住树狠命地摇啊摇，叶子铺满一地，他高高兴兴地全部清扫了出去。第二天清晨，他傻了眼，昨天的绿叶一夜之间变黄，然后落下，地上仍旧一片狼藉。老和尚摸着他的头说："傻孩子，落叶是扫不完的，今天干完今天的事就好了，不必为明天忧虑。"

我就是那个小和尚，企图把一生的事一天做完，而且对不可知的明天有过多的不安。为什么不低下头来，干好今天的事就好呢？安住当下，享受今生，何必要为过去追悔什么，为明天忧虑什么，为来生预约什么。

"西宫南内多秋草，落叶满阶红不扫。"层层叠叠的红叶是凄绝的心事。如此纠缠不清的时间和经历里，也许我倒真的应该把过去一切像落叶一样清扫出去，留一片空地给月光，留一片空地给霜雪，留一片空地给未来，留一片空地给自己。

然后我就会发现，其实秋天不光有落叶，还有成排成阵的大白菜，被稻草裹住叶裙，安静地在风中站立。棉花开得雪白，一只蟋蟀吱吱地叫着，天上一片一片的云彩。而秋风起兮，遍地落叶遍地金也是不错的景致。秋草蓬松，雨丝斜织里一派清明的酸辛岂非正是秋的本味。

我已经从山里回来，离开那个荒凉的世界。听着窗外吱喽吱喽发哨的风吹动树叶，一时间不知道神往到了哪里，闭上眼还是满山的红叶堆积。

邻居抱着牌匣大呼小叫来邀玩，伸个懒腰，站起，一步跨出房门，霎时忘了前情。管它一树的红叶怎样盛开，怎样凋零，秋日寒凉的空气中一只小鸟试探地叫上几声。我坐在奔流不息的时间里，谈笑风生，任凭满天的叶子飞舞，最终覆盖苍凉的生命。

　　看这个世界红了樱桃，绿了芭蕉

寒来千树薄

文字丰俭厚薄，与年齿相关。你看时尚杂志上盘踞着的那些年轻人，文字丰绒厚密，渗得出油：

"那么渴望一个人却永远得不到，令人无限寂寥……现在呢，现在仍然喜欢时不时买件不需要的衣服，打开衣橱，各种衣服琳琅满目地挂在那里，似无数后宫佳丽。一件衣服一季也不过穿三两次，她们美丽着，等待着，服装同主人一样，也有她的寂寞。"

这必是一个年轻女人写的文字。若是到了四十岁，渴望一个人的情怀没有了，寂寥变成亘古洪荒的原生世界，也就不再觉得寂寞有多么郑重其事了，这样的文字不但不会再写，怕是读都没有心情读了。

说实话，若是到了三十五岁以后，还写一些味道浓烈的情感故事，就有一股假气、虚气，好像秋天的树，叶子掉了，勉强粘了一树假叶子，翠得叫人生疑——文字的路上，年龄真是一个回避不得的问题。

春天的树明晃晃带着金丝，夏天的树丰厚得一把抓不透，寒来叶落，千树俭薄，文字也是如此。所谓"寒来千树薄"，只要寒来，千树就当薄下去；也只有寒来，千树才有必要薄下去。文字有它自己的丰盛到凋落的规律，勉强不得，也强求不来。是以寒来千树薄的下一句才会是："秋尽一身轻"。

若是三十五岁以前，写出的东西很淡很淡，淡如白描小品，那这个人不是仙，就是鬼。你看张爱玲写小说，纯是白描笔意，读来鬼气森森，凉到脚底。只有到了年龄的秋天，把无关的枝枝叶叶全都自觉省去，剩下铁一般的枝丫直指高而远的蓝空，这时候的轻，才真的是轻，轻里有物，轻里有意思，像精华尽融于斯的高汤，小口小口地品，受用无穷。那感觉就像汪曾祺的《受戒》："她挎着一篮子荸荠回去了，在柔软的田埂上留了一串脚印。明海看着她的脚印，傻了。五个小小的趾头，脚掌平平的，脚跟细细的，脚弓部分缺了一块。明海身上有一种从来没有过的感觉，他觉得心里痒痒的。这一串美丽的脚印把小和尚的心搞乱了。"轻轻淡淡的一行行文字，把读它的人的心，也轻轻易易搞乱了。

　　而到了张中行先生这样的年纪，一切装饰都是无用，生命的真实面目已经在这里，没必要再装饰。一切都是白描，如素着一张脸唱一出清淡的戏，连情节亦是没有，但却是很美丽。先生在沙滩红楼一带见到门巷依然，"想到昔日，某屋内谁住过，曾欢笑，某屋内谁住过，曾有旧痕"，看到大槐树依然繁茂，不由暗咏"木犹如此，人何以堪"。经过邓之城故宅，"推想那就是《骨董琐记》的地方，十几年过去了，还有什么痕迹吗？"用情深切，掩在平淡简薄的三言两语之后，叫人恻然低徊。

　　繁不易，需要厚厚的人生与阅历。简淡更不易，需要人生与阅历之外的悟与解。悟到了，解开了，看淡了，一切不平都是平了，手底下，就流得出简淡有味的好文字。中国画家素养越深画境越淡，总是要求逸笔草草，不求形似，聊以自娱，元代倪瓒之笔简意远，追摹的就是平淡天真。此种境界殊不易得，功力未到而故作生硬姿态，笔墨往往板滞不畅，就是这个意思。而白描的文字给人感觉也就是简淡与天真，它又恰是为文第一义，正所谓"何须浅碧深红色，自是花中第一流"。

叶鸟鱼枝

　　前几天下了两场雪。也不是林冲上梁山时节，那般纷纷扬扬往下卷，也不似撒盐，也不似柳絮因飞舞，也不似燕山雪花大如席。倒像是谁家的棉花被耐耐心心撕得细细匀匀，被细风吹得打滚翻身，狼狼狈狈往下跌。

　　哪晓得两天过后，就积得尺来深了！

　　早起朋友送我去火车站，出门就被惊吓：满树的雾凇啊，满草的雾凇，满房子满地满天空的雾凇。路面每一寸又都被雪积盖满，哪里都白得不似人间。

　　行到半路，停车揪着雪草跳下路旁的深沟。沟里种着白杨树，日阳已出，仰头只见湛蓝的天空映着银白的树头，一阵风擦着鼻头微微地吹过，就有一小片一小片的雪往下飘飘扬扬地落。朋友使坏，一脚踏在树身上，细雪如银沙，哗哗啦啦地洒下。

　　沟那边是一大片的果树园。满地的白雪未经人的踩踏，尚且是小动物的天下。一棵树被绕着圈踩上了五瓣梅花，不晓得是哪个干的。顺着脚踪研究半天，却只见来路，未见去路，它是只鸟，长翅膀飞了吗？可是哪只鸟长这样胖墩墩的小爪？

　　果树的枝子又是另一番模样，蟠屈翻卷，往这里伸一下，往那里伸一下，冲这个捣一拳，冲那个捣一拳，很嚣张。

读过许多树的诗，"绿树村边合，青山郭外斜""庭中有奇树，绿叶发华滋""碧玉妆成一树高，万条垂下绿丝绦""泉眼无声惜细流，树阴照水爱晴柔"，都是生发着碧叶的树。叶子是枝子穿的衣裳，光看衣裳，就忘了被包裹的枝子长什么模样。银杏叶如小扇，银杏的枝子什么模样？杨树叶如手掌，杨树的枝子什么模样？去大连博物馆，那里的松树庞大的一蓬蓬一丛丛，像西方贵妇用鲸鱼骨活活撑起来的庞大的裙撑，里头的枝子什么模样？

冬日万叶凋散，枝子显露，若非雾凇层层濡染得好看，怕是谁也没兴趣把树枝多看上几眼。可是放眼远望，看的还是雾凇啊，哪怕是一种临时拉扯来的盛大繁华，好看的东西谁不爱看？

山枯水瘦，终不如碧水青山叫人心暖。

数日后从异地回返，满地雪已化尽，雾凇也没了，土地裸露出苍黄，草与叶也都凋落殆尽，唯余草骨与枯枝，真是图穷匕首见。

原来落尽了叶子的杨树是这个样子的，一根根树枝既不攒三，亦不聚五，只在各自的位置上，用细细的枝尖沉默地指向天空，整棵树看起来像一个五指指尖向着天空并拢的手掌，很符合一种叫作"分形几何学"的论点。所谓的"分形几何学"，好比说随便找一棵树，仔细看一下它的哪一个枝枝杈杈，就会发现它和整棵树很像，甚至分杈的比例和位置也跟树本身的分杈的比例和位置一样。那分杈的分杈的分杈呢？还是那样。叶梗和叶脉呢？还是那样……无穷无尽的自我仿象。这种理论怕是只能在碧叶凋尽的时候才能水落而石出罢，否则树披着一身繁华，眼睛怎么能看得清？本质从来都是寒瘦的，需要去尽雕饰，方显出是它。

就在这时，竟见一片杨树林，可煞奇怪，每棵树有那么多细枝子，竟都有那么一两根枝子上，每枝顶一片叶子。真的只一片叶子，却零零落落地在寒风里抱着枝头摇摇摆摆，像一只只小鸟，伶仃的细脚踩着细细的枯枝，唱着人耳听不到的细细碎碎的歌子。

而这一丛丛的枝子，又抱紧了树的身子，像是一具完整的鱼的骨架，直直地竖向天空。

叶鸟鱼枝，天下竟有这般普通又奇妙的景致。风一大就看不见了，因为叶子就全被吹落了；雪一大就看不见了，因为眼睛只肯看见白雪；春日看不见，因为所有叶子都冒了出来抢戏；夏日看不见，因为叶子把树头裹得严严实实，里三层外三层盛妆严饰；秋日看不见，因为虽然北风吹，叶子们还拼了命地紧抱树枝。冬日也不是时时刻刻看得见，因为人心多忧乱，看见也是看不见。屋里看不见，楼厦纷立的所在看不见，唯有在这北方的寥落阔大的田野，且这一时心是静的，天地万物皆静，风声也静，天地间有一种佛陀垂目的无悲无喜，它便肯叫人看见了。

一霎一时也成了一生一世。

冬日春光

普希金的诗说，没有幸福，只有自由和平静。其实自由也是没有的，人又不是鸟，想飞东飞东，想飞西飞西——其实鸟也没那么多自由，西北还有高楼呢，所以孔雀只能东南飞。人更像植物，种在冬季晓雾漫开的村庄，若是能在乍现的晨光里做一个平静安详的梦，就已经很好了。

梦里有光秃秃的紫荆，紫荆的脚边还拥着几片叶子，已经被泥土分解得看不出完整的形状，只剩下根根叶脉，兀自做着独属于它的姹紫嫣红的梦。梦里生机流动，沿着根一路上行，行至茎枝叶脉，从冬走到春。

晨露成霜，也不妨碍杨树和柳树、紫荆和柘条迎接按时而至的阳光。然后它们一边向蚯蚓问早安，一边憧憬暖风吹来后，不久即有蝴蝶美人的造访。该来的总会来，比如艳遇和调戏，恋爱和婚床，所以它们并不心急，只按部就班地拔节生长。

一群麻雀乌压压地停在枝头，小脑袋一顿一顿，在枝丫上东啄西啄，啄得紫荆像是人被搔了胳肢窝，不由地动动枝子想笑，惊得鸟呼啦一下全都飞走。其实惊飞不过是它们做的一个样子罢了，估计它们心里也在笑呢——调戏植物一直是它们的拿手好戏，比调戏电线有意思多了。

紫荆就种在一户人家的窗下，窗子里一个小婴儿正盖着小暖被睡得香甜，眉头一皱一皱，嘴巴一撇一撇，轻轻哼唧两声，像是要哭。妈妈迷迷糊糊拍拍他的小身子，他就眉头展开，又睡着了，然后梦中扯出一个没牙的，大大的，玫瑰花一样的笑。

原来，他也做梦了。

他梦见面前出现一个发着光的圆球，飘啊飘的就裂开了，然后从里面伸啊伸的变出一朵喇叭花，柔软的颈子支着大脑袋，摇头晃脑，晃啊晃的，又倏地团在一起，变成一枚香槟果，香槟果转啊转，转成四个辘辘，上面顶着一个车厢，嘀嘀嘀，公共汽车来了。婴儿一边咯咯笑一边伸手去抓，砰，一股白烟冒起消散，再定睛看，汽车没有了。它咧嘴想哭，不知道怎么，眼前又出现一个水池，池里有那么多小鱼，有的在吹泡泡，有的在跳舞。

年轻的爸爸妈妈早就醒了，看着小宝宝在梦里手舞足蹈，当爸爸的拿手指轻碰肥肥软软的脸蛋，十分好奇地八卦着：

"小孩儿也做梦啊?"

"是啊，肯定特别热闹……"

等他梦醒了，花就开了，冰也化了，小短腿会跑了，春天就来了。

其实，无论是暖屋里的入眠，还是温厚的泥土里的蛰伏，都是亲厚而温暖的。如果能这样赖床不起，也挺好啊。

但是风不许。她会在你的枝头料峭而温柔地缠绕："春天来啦，该起床啦。"

大家伙都不理她，她就一个挨一个地叫："小黄，起床啦。""小绿，起床啦。""阿梅，起床啦。""小柳，起床啦。"

于是，淡淡的黄光、绿光、白光、红光、紫光、橙光、粉光，就从枯槁的枝条里一闪一闪地漫出来，像是在揉着眼睛说："好啦好啦，别叫啦，听见啦，总得让我打扮打扮吧。"

"嗯，打扮好了就出来吧。舞会要开始啦。"

舞会。紫荆举着花做的仪仗，护卫着趾高气扬的白蔷薇国王，粉蔷薇的王后穿着缀满小花的长袍在他身后也昂然进场。一队喇叭花吹着长号，哇哇地响。穿淡紫长裙的那是谁，散发着高贵又清雅的香味。迎春花的晨礼服色泽明黄，桃花一身红灼灼，夜莺在叫，榕树在笑，千万朵花儿翩翩起舞，阳光如片金，被一万只脚踏碎在地上，闪闪发光。

夜了，累了，花也睡了，月光一跌到地，摔痛了屁股，爬起来重新铺满整片草地，发出窸窸窣窣的声响。

啊，繁华里的欢愉，清冷中的希望。

就像我知道人活着一定要死，春天、夏天、秋天之后仍旧是冬；但是我不知道下个路口会遇见谁，不知道什么灾祸会从哪个方向向我袭击，不知道失去一颗苹果之后，会不会接着失掉手里的金橘。我曾经那么惶惑恐惧，不肯安详。但是现在，命运向前，美景迭现，一切虽不算好，一切总有希望，冬天来了，还有春光。

满城冬

冬天的北京真不叫北京。

那叫一个冷。

这次是去公干，查古籍资料，记住了一个叫文津街七号的地方，国家图书馆的老馆所在。不晓得原先是什么用处，反正院里有华表，门外两尊石狮——寻常人家不会拿它镇宅。楼宇古色古香，院内少有人行。屋顶竟然有乌鸦"啊啊啊"的叫声——这种鸟的这种叫法。鲁迅先生写荒坟前一只乌鸦原先铁铸似的停在树枝上，忽然"呀"一声大叫，箭一般笔直地射远了。可是这里的乌鸦却叫声颇温柔，并不觉不祥。

这么旧的书，存在这么旧的地方，光阴好似也是几百年前的光阴，寂寞安详，任凭别处流年改换，莺莺燕燕。

出门东复东，又向南行，路过一片水，远处又有白塔和红色的宫墙。两旁槐树蛋圆的叶子尽皆落尽，只余僵枝如焰，灼烧着天空。天上一轮冰月，似乎敲起来有铜磬声，看颜色就觉得冷。

是真的冷。像有火在烧，脸上火烧火燎。棉服像是纸做的，腿和脚快没有了知觉。

大约七八年前，来看冬风萧瑟的颐和园，一汪冻水，满塘芦苇。风从身后吹来，乱发飞扬。可是奇怪，竟是不觉冷。因为那时还年轻。

不知道老北京的人怎么过冬。教书的，卖报的，叫卖"半空儿"的，摆小摊卖纸烟的，拉洋车的，冬天穿着厚墩墩的棉袄棉袍，老年人拢着袖子蹲墙根。大家伙儿早晨吃豆浆油条，中午吃烙饼卷大葱，有钱的吃锅子，铜锅涮羊肉，虾米皮豆腐熬白菜。

现在的北京没那股味儿了。人多。车也多。楼也高。危楼高百尺，手可摘星辰。人声喧阗，也没有谁不敢高声语，恐惊天上人——因为知道天上没有人。

现代人的现代科技杀死了古老的想象和天真。

天明去故宫。脚下踩的砖坑坑洼洼。皇宫里讲究"金砖铺地"，其实不是金砖，是质地极细又坚硬如铁的青砖，原来也扛不过风雨和时间。什么人在这些砖地上走过？皇上么？王公大臣么？后妃格格么？宫女太监么？如今公卿已变尘土，美人早成枯骨，宫娥宫监抛家别母的辛酸泪眼也早湮灭进浩浩烟云里面。

那金丝楠木的皇座，据说五六百块钱一克。那蓝色的景泰蓝香炉，说是几百年都没有生过锈，褪过色。那皇后铺在炕上的锦缎，红红白白的龙凤和祥云朵朵，金线银线织就，巧手绣女不晓得要劳碌多少个日日夜夜。绣女入宫做活，从少到老，不许出宫，只为巧手误平生。皇后睡在这样龙凤呈祥大红喜字的床帐里面，她可欢喜？她亦是一入宫门深似海，此生再也不能出宫来，而自家男人，此刻不定睡在哪个妃嫔的温柔乡。

御花园里有一棵死树，长满疙里疙瘩的树瘤，好多人照相，导游目不斜视地走过，一边说：快走，快走。过后他说皇宫里怨妇多，一腔怨恨无处诉，就对这棵树说，这棵树就长满了毒瘤似的东西了。

真是残酷啊。真是残酷。

金碧辉煌的皇宫院，棵棵柳树映在碧蓝的天上，枝子被日光晒得成了一条条金线，抬头仰望，如飞瀑流泻。满城冬色宫墙柳。

真冷。可真是冷。

满城冬。

北国看雪

对北方人来说，冬天如果不披霜挂雪，好像就不是冬天。

"你看着，一个冬天不下雪，说不定一入腊月下个没完。世事就是这样……"婆婆发感想，我一边吃饭一边心里反驳："别那么武断嘛，说不定进了腊月也一粒雪见不着呢。"没想到腊月初一就开始下雪。昨天半夜先生拉我起来看，前面的雪尚未化净，外面又是白茫茫的一片，不由惊叹老人的智慧真是不浅。

开了阳台灯，夜雪乱纷纷扑往灯影，乘风如蛾，最是撩人，狂放处风情万种，如舞台上白衣白裙的女人，踩鼓点如急急风。北国看雪，如目北国女人，虽不似南雪美艳、滋润，却别有快刀青衣爱时敢爱、恨时敢恨的利索与倾情。有时片大如梅，湿重，缠绵；有时干细如粉，落在衣上、枝上、地上，啪！就碎了。南雪则是彩衣花旦，在天地间飘飘舞动，宜唱"天女散花"或"贵妃醉酒"，看贵妃衔杯而饮，腰肢细软如杨柳，眉梢眼角俱是风情。

侵晨而起，一路步行，一步一心惊。雪薄而凉，像变了心的情人。狗的脚印专门印在没被踩踏过的白雪上，有一种抒写什么的欲望。一只黑猫袅袅而行，步态从容，像巫女，像模特，回头间瞳孔黄光一闪，"喵"一声不见，大白天平白觉出阴森。一个女的一边走一边打电话，团白的脸，细薄红唇，紧身黑袄沿红边，舞台效果出来了。一个高高的中学生，猛跑两步，"哧溜"滑出老远，回过头来胜利地笑，旁边左近并没有人，不是表演给谁看。我也想来一下子，就照他这样，可是不敢。下雪人人爱，可是雪路真是难行——就像纷繁的世情，一霎时遍地鲜花似锦，一霎时遍地寒雪冰冷。

去河上滑冰，带着孩子。铺满白雪的冰面上到处是人，老人，孩子，中年人，坐着简陋的滑板，一下下笨拙得像企鹅，大家都在笑，孩子们在不远处玩，尖声叫喊。猛听得冰面"咯嘣嘣"一路响远，大惊，转身欲逃，却又回过神来，命令先生："快，叫孩子们！"先生拍拍我："不怕的，这是冰在膨胀。"吓散了的魂儿这才慢悠悠归窍，却开始对厚厚的冰面产生不信任，每走一步，都觉腿软，所谓"战战兢兢，如履薄冰"，唯有此时，体会最深。

雪是常情以外的东西，如雨，如风，却比雨干净，比风从容，所以招人待见。白雪红梅是好景，雪水煎茶是雅趣，一树僵枝静静竖在那里，别有一种苍黑雪白相映衬的诗意。雪是对日常生活一场不动声色的和平演变，叫人在天地皆白的玻璃盒子里，像一片茶叶泡在雪水里一样，身心渐觉舒展。身心舒展了，困住自己的世界就越发显得小得不堪。平时看出去的宽房大屋、高楼大厦，此时看去，也无非一个个的火柴盒子，静静排列，脆薄处摇摇欲坠。一个火柴盒子贴着大红喜字，往外喷吐着喜气，新娘子装扮一新，人们出来进去，看上去像蚂蚁娶亲。雪把世界变大了，却把人奇怪地变小了。小小的人在茫茫无际的天地间，说不出的细瘦可怜。

走在雪上，想跑，想跳，想写大字，想盘膝而坐，想画个大大的心，心上插一把丘比特的箭。一切正在进行的常规事务好像都有理由戛然中断，就连思路也如一个一个的断点，连不成线，像一粒粒的艳红花瓣，飘浮在意识中间。好比阿Q临睡的情状："辫子呢辫子？秀才娘子的宁式床……"一场华丽的梦想。明知道醒过来还是寻常世界，雪却把人像麦苗一样盖起来，怂恿着人去做一个和寻常粗糙的日子不相干的梦，梦里飞花自在，清溪流水，却又不是春天；恍然身在天堂，却又在半梦半醒的意识间，觉出一种自觉无奈的荒唐。

世界就是这样子的，雪来了，雪走了，一切又是老样子了，可是梦却不间断地做起来了，做着做着，就到繁花嫩柳的春天了！

边走边白

今日落雪。

不是"但觉衾绸如泼水，不知庭院已堆盐"，不是"燕山雪花大如席"，不是"忽如一夜春风来，千树万树梨花开"，不是"千峰笋石千株玉，万树松箩万朵云"，不是"江山不夜月千里，天地无私玉万家"，不是"孤舟蓑笠翁，独钓寒江雪"，不是"柴门闻犬吠，风雪夜归人"，不是"白雪却嫌春色晚，故穿庭树作飞花"，不是"玉花飞半夜，翠浪舞明年"……

因为我不是杜甫，不是李白，不是元稹，不是黄庚，不是柳宗元，不是刘长卿，不是韩愈和苏轼。我不是唐人，不是宋人，不是元人。

我是今人。

他们的世界里下的那一场雪飘进我的世界。这不公平。

董桥译一段文章，说是旅居伦敦一整年里，皇家邮局的邮差总是把邮件从大门狭孔塞进来："平时天天早上七点半到八点之间，狭孔弹簧啪的一声，信件跟着纷纷掉在地上，那些声音都成了我们的闹钟，提醒我该起床了，然后走下英国朋友转租给我们的这间公寓的长长的过道，烧一壶煮咖啡的水，再去收拾掉了一地的信件。水没开的时候，我总是一边等一边先翻翻克连默院报刊经售商天天送上门来的泰晤士报。接着，我把托盘上的咖啡、泰晤士报，和妻的信件全带到她的床头小几上，自己这才到客厅里喝咖啡看信：客厅的南窗又高又长，可以看到契尔西和皇家医院，可以一看看到泰晤士河和贝特西，再向远处看，就是肯特郡的丘陵山坡了。"

然后又说自己在伦敦住了六年，"'天天早上七点半到八点之间'，总是让那'啪的一声'给吵醒。然后是信件掉在地上的声音，然后起床，然后是'长长的过道'，然后咖啡，然后捡信，然后泰晤士报，然后是客厅里南窗下那张咖啡色的长椅子，然后是窗外的大树小树，然后是远处的'丘陵山坡'。"

也就是说，伦敦的生活就是这个样子的，那在伦敦生活过的人，大树小树，丘陵山坡，就是那么回事，写在书上了，你又读到了，于是好比他曾经过的生活反射给你，于是你也就好像也过着那种生活了。

草木书诗雪雨爱恨情仇，就是这样被人反射了又反射。

我是觉得今日落雪与古人无关，与旁人无关，可是，为什么一看到雪，就是一片片雪花一样的诗词纷纷落？残雪凝晖冷画屏，凤林千树梨花老，北风卷地白草折。

有一年，大年初一落雪，穿一件黑风衣，围一条围巾，桃色的，在雪地里走，艳光四射。那个时候，发还未白，唇色光润。小孩子还小，扎着冲天小辫，在雪地里一摆一摇，哈哈地笑——如今她也识得愁滋味了。

还有一年，雪大没膝，家养的小狗冒死救主，用身体左一滚右一爬给我蹚出一条道。我弯下腰，拍拍它的头，它开心极了，一咕噜躺倒，地上深深的一个狗印。现在它已经死掉了。

还有一年，站在阳台上，抬头向天上望，夜雪急急地下，打在脸上，啪啦啪啦。阳台上开的有红瓣的扶桑花。花现在已经没有了。

如今再想提起劲来像当年那样赏雪和玩雪，却是不能了。眼前直如无物，雪下着，却下不进我的世界里了。好比是雨，"少年听雨歌楼上，红烛昏罗帐。壮年听雨客舟中，江阔云低，断雁叫西风。而今听雨僧庐下，鬓已星星也。悲欢离合总无情，一任阶前点滴到天明。"

少年听雨听出缠绵情思，壮年听雨听出别恨离愁，江天寥廓，如今我鬓也已星星，也见识到悲欢离合总无情，不晓得什么时候学会了无动于衷，一任雪花纷飞，阶前飘摇到天明。

只是雪下得太大。不知不觉，头发就白了。

看这个世界红了樱桃，绿了芭蕉

喜欢一篇文章开头一句话：

"帕格尼尼是黑色的，肖邦是湖蓝；张爱玲如流金般，亦舒蜷在牙白里；母亲是淡黄色，小孩子是粉粉的红，这些老去的，年轻的男人和女人都有属于他们的颜色，翻过他们就像翻阅着斑斓的调色板。"

这个世界，就是一个大大的调色板。

初春是一个初长成的娇娇女，淡绿娇黄，就像《花为媒》的唱腔，它的前景是一片值得向往和期待的"花红叶绿草青青"。像宝钗的丫头莺儿，语笑若痴，宛转动情。春深是"红了樱桃，绿了芭蕉"的温温柔柔的粉光脂艳，红得端正，绿得经心，是那个安闲温淑的薛宝钗。夏天是"接天莲叶无穷碧，映日荷花别样红"，是疯狂恋爱时的色彩，容易失控，是那个外秉花柳之姿，内具风雷之性的夏金桂，偏巧她就姓个夏。晚秋是"满天明月满林霜"的清冷冷的银白，是被贬穷壤的苏轼，是不才明主弃的孟夫子，是僵卧荒村的陆游，是怀一怀清霜的李叔同。冬天里一片肃杀，枯树裸露着黑铁般的枝丫，直直地进逼高而远的蓝空，一只猫头鹰在深浓的夜色里哭着飞过。是那个奔走在家业和人生末途上的老太君，是《金锁记》里用金枷劈死了几个人，自己也正走向坟墓的曹七巧。

凤尾森森、龙吟细细的潇湘馆，是清清幽幽的绿色，土堇编篱、纸窗木榻的稻香村是朴素的麦田黄色，短茎护墙、扇炉煮茶的芦雪庵是安静的土白色，像我夏天曾经做过的一身本白色布衣，飘飘洒洒，带着本分闲适笑看风云变幻的自在。黛玉是淡淡忧伤的紫色，凤姐是泼辣热烈的金红，宝钗是沉稳理智的正红，宝玉温柔的时候是淡蓝的，疯魔的时候是明黄，见了他爹就暗缩成了一小球儿的黑，出家的时候，是浪子终于回头，离弃了一切悲欢的透明。

他们的衣裳也是五颜六色：凤姐是走到哪里都一身的金光灿烂，家常穿来见刘姥姥，都是紫貂昭君套，桃红洒花袄，石青刻丝灰鼠披风，大红洋绉银鼠皮裙。若不是得宠，谁敢穿得这样奢华和耀眼。下大雪，琉璃世界，白雪红梅，黛玉换上掐金挖云红香羊皮小靴，罩了一件大红羽纱面白狐狸里的鹤氅，系一条青金闪绿双环四合如意绦，头上罩了雪帽，真是一个旷古绝世的美人。十来个人，铺天盖地的大雪里，一色的大红猩猩毡和羽毛缎斗篷，画上画的也没这样精致。

景致再好看也没有用，人物再出众也没有用，颜色再温柔富丽也没有用，到最后，花褪了残红，命散了凉风，最让人心里哆嗦的是宝玉无意吟出的那一联对比：红绡帐里，我本无缘，黄土垄中，卿何薄命。红绡帐和黄土垄怎么就成了开端和结局呢？反差大得叫人不能承受。一场大雪覆盖所有的恩怨离别，收场的是天地间一片白茫茫真干净。

想起我家小孩子学的简单的对子来了，风对火，地对空，柳绿对花红……

一时好玩，想起好多嵌着颜色的诗句来，比如说"红了樱桃，绿了芭蕉"，比如说"回廊四合掩寂寞，碧鹦鹉对红蔷薇"；比如说"深院下帘人昼寝，红蔷薇架碧芭蕉"；比如说"一片风光谁画得，红蜻蜓点绿荷心"；还有一个"落日平江晚最奇，白龙鳞换紫琉璃"。果然是最奇，少有人能想到。诗人有点另类思维。

前一阵子，走在街上和翻开杂志，都会看到一些这样的女子，把嘴唇涂得黑紫蓝绿，眼睛里透露着冷酷和不屑，用基本不是人的表情来招摇过市。估计这就叫前卫。不过，我有十足的把握它不会占据主流地位，这种色彩不符合人们潜意识里的审美观念，除了彰显并不怎么深沉的所谓个性之外，几乎一无用处。

最传统的也最持久。如瀑黑发，如丹红唇，才是经久不息的美丽。

再想得远一些，几乎所有模糊的情绪都可以用颜色来做一个恰如其分的表示。

爱情是变色龙，前期是朦胧的粉红，中期是如火的大红，新婚是娇艳的桃红，婚后经年是被太阳晒褪色的斑驳无趣的淡红，失恋是一条奔腾不息的黑水河。

亲情是温暖而不热烈的夕阳红，朋友是温馨而不灼人的玫瑰红，陌生人不期然的关怀是一团橘黄色的光，不定什么时候就拥抱和温暖了一颗彷徨失措的灵魂。

要是背后下的黑手呢？虽然手是黑的，说出来的话却是寒冬里凝结的檐溜子，闪着寒光，扎得死人，然后再在心脏里慢慢融化。是真正的杀人于无形啊。

张爱玲瞅着红色的落日下坠的时候，心里说：这是个乱世。"年轻的人想着三十年前的月亮该是铜钱大的一个红黄的湿晕，像朵云轩信笺上落了一滴泪珠，陈旧而迷糊。"旧时的岁月是迟暮的美人，再好的颜色也带着些冷烛无烟绿蜡干的凄凉。

第二辑
烟花甜

烟火人间

午夜十二点。

二话不说，披衣趿鞋往楼下冲，一脚踏进火药桶。

到处都在爆，在炸，在乱，在响，在明，在亮。鞭炮噼里啪啦，二踢脚"咚——当""砰——邦"！钻天猴儿"吱溜吱溜"，拖着长长的尾巴一个劲往上蹿，起火是典型的火树银花，墩在地上，像个扫把，火星子乱迸。焰火像圆球，像杨柳，像五角星，像鸡蛋——椭圆的，像北斗七星，红，绿，蓝，黄，紫，粉。街道上没有人，除了我。个个都在自家门口制造混乱，光影横空，楼影散乱，我的影子也长长短短，明明灭灭，忽忽闪闪。

心颤肝颤，头晕耳鸣，仰天大叫："过年喽——"

杀猪，煮肉，灌肠，炸丸子球、豆腐块，围着围裙，扎撒着油手，当当地剁馅，猪肉馅、牛肉馅、羊肉馅，扫地，擦窗，逛超市买烟、酒、瓜子、糖，大包小包往家搬，为的是哪般？

摸摸家里的三盆扶桑，一盆开花，一盆不开花，一盆刚长嫩枝新条，说一声："过年好。"摸摸家里的硬木沙发，啊，你们被肉重身沉的大屁股压了整一年了，"辛苦，辛苦，过年好。"家里的书橱，新书也装，旧书也装，外文书也装，中文书也装，现代的，古代的，一锅里搅稠稀，既不牢骚，也不抱怨，好风格，好境界，"辛苦，辛苦，过年好。"椅子，床，电脑，电视，床单，被罩，阳台上的晾衣架——现在还挂着衣裳呢，你们大家过年好，过年好。

岳阳过年要吃"百里鱼、团年饭"。威海过年煮饺子千万不敢说"水开了，下饺子"，嫌"下"字不吉利，一定要讲"清水煮金银"。绍兴人兴吃福橘、汤团。扬州人过年要炒豌豆苗、十香菜——就是炒咸菜，杂以胡萝卜丝、笋丝、豆干丝、花生、黄豆，吃惯大鱼大肉，滋味特清香。老北京的年味特别的浓："老婆老婆你别馋，过了腊八就是年，腊八粥，喝几天，哩哩啦啦二十三，二十三、糖瓜粘，二十四、扫房子，二十五、炸豆腐，二十六、炖羊肉，二十七、杀公鸡，二十八、把面发，二十九、蒸馒头，三十晚上熬一宿，大年初一扭一扭……"

扭一扭之后哩？转眼炮声沉寂，云散星稀，再要"震撼"，请等来年。

云门文偃禅师升座，问僧徒："十五月圆以前怎样，我不问你，十五月圆以后怎么样，你给我说一句。"无人能答，只好自说自话："日日是好日。"

对呀！穿几十块钱的衣裳，吃大白菜和白米饭，辛勤过光景，踏实过年。没有战乱、灾荒、劫持、绑架，只斗小心眼，不经大灾难，一年一年又一年，说不尽这盛世太平，烟火人间。

"年"的随想

娘送来煮好的肉，我用它来炖菜吃。白菜、冻豆腐、粉条、海带丝和肉片一锅烩。老公下班回家耸着鼻子问："咦？好香，一股过年的味儿。"

真是。又要过年了。不过是与其他 364 天毫无二致的日子，为什么却要用"年"的名目包装起来，硬塞进人的怀里呢？还真是人手一份，从不拖欠。

五湖四海，古今人众，各人过年能过出各人的味儿。《儒林外史》里有个穷酸文人杨执中，那真是穷极无奈，家里只有一座心爱的铜香炉，还能值几两银子，偏偏又舍不得卖。无柴无米，无以为继，只好点了一支蜡烛，和老妻把这炉摩弄了一夜，赏鉴这炉的好包浆，好颜色，就算把年过了去——清则清也，雅也够也，穷都能穷出水平来。

诗人过年自然诗兴蓬勃，所谓"一年滴尽莲花漏，碧井屠苏沉冻酒。晓寒料峭尚欺人，春态苗条先到柳"。文征明既是诗人又是官场中人，对官场拜年颇有微词。大过年的，自己家收一堆名纸（拜年的帖子），也给别人投去一张张名纸，"不求见面惟通谒，名纸朝来满敝庐。我亦随人投数纸，世情嫌简不嫌虚"。真是切中时弊，读之如新，果然是"世情嫌简不嫌虚"，就像大大的冰雹，里面只有小小一粒微尘核子。平凡人无这负累，倒是清朝黄景仁的心境与我相契："千家笑语漏迟迟，忧患潜从物外知，悄立市桥人不识，一星如月看多时。"

和尚过个年也"不同凡响"，大年三十小年夜，和尚们聚在一起，排成两列，先拜佛再互拜，然后由人引领去拜方丈和当家和尚。年初一作息与平时无异，只不过功课里多一样"赞佛偈"，祈祷国泰民安，太平世盛。在佛前烧香供果，众人仍是吃斋，素饭素菜，木耳、黄花、香菇、豆腐、素年糕果米……

像我们这平常人家，自然一切按照农村过年的老规矩来，什么都要准备得海海漫漫才叫够劲。羊要买整只，猪要买整扇，豆腐做两"个"就够了——别误会，一个不是斤把的小块，是两大块四方四正的大豆腐！然后切三角、过油炸。大锅煮肉，肉汤灌丸子……所以说凡人的年滋味最全。大红灯笼高高挂，若是天上飘雪则更有趣，瑶台雪花数千点，片片吹落春风香。有肉有酒，有雪有诗，神仙一般好日子。

对小孩子来讲，"年"就是哄小狗用的肉骨头，绑上蝴蝶结，再用精美礼盒包装起来，在"乒乒乓乓"的炮声中送出去，换来一时的喜笑颜开，还有若干年后浓醇的回忆；老人们则在忙碌之后，看儿女团团围坐，便心生欢喜——他们过年本就不图别事。老人们更是垂首闭目，满心感激，谢老天爷赏饭吃——"年"对老年人来讲是一本越撕越到最后的月历纸，张张纸上写的都是岁月；我却觉得"年"是一把钢刀做的门槛，迈过也得剐掉一层皮。

一天老一岁。

小的时候爱蹲在河边数游鱼，看银针一样的游鱼在绵软的水草里穿来穿去。阳光碎金一样在河面跳荡，一片两片落花从远处悠悠漂来。伸手捞起，爱它娇艳酡红的颜色，如同薄醉；又爱到青翠的槐树林捋槐叶，偷暇把清香的槐花一粒粒填进嘴巴里，齿间微甜微苦的气味。到现在河也不再，槐也不再，我却仍像那个穿花袄的小孩，在水一样的岁月里捞起属于我自己的"年"来，塞进嘴里，嚼出好一番甜甜苦苦的滋味。

前阵子抑郁，总想着生活是怎么回事，生命是怎么回事，忙了，累了，苦了，哭了，笑骂气怒，这一切到最后又有什么意义。然后读到叶芝几句诗："……多少人真情假意爱过你的美丽，爱过你欢乐而迷人的青春，唯独一人爱过你朝圣者的心，爱你日益凋谢的脸上的哀戚。"就是这个样子。当我老了，白发苍苍，容颜不再，想起过往一生，入心的不仅是那欢乐而迷人的青春，更是对生活和生命郑重对待、不离不弃的坚持，这样才会对自己有敬意，不厌弃。若寻意义，就在于此。

如今新年将至，且忙里偷闲，止步暂息，掸掸鞋上的泥，抻抻衣裳角，把头发梳梳顺，光头净脸，和世界一起迎接年后的岁月。

清平乐

年前对年没感觉。

大年三十对年没感觉。

大年初一，上午，对年没感觉。

四十个年串一串，跟串糖葫芦似的，一串糖葫芦吃了四十年，再甜再香也没啥感觉了。

大年初一下午，从街上回来，累了，回卧室，躺下，大头冲下——就是大头冲下，仰面平躺，脑袋朝下搭在床沿，据说这样可以治颈椎病，猫原本懒洋洋趴在地板上，此时走过来，对我脑袋上倒垂的长毛很感兴趣，伸着毛茸茸的爪子就要挠，被我伸臂赶开，它不满意地呜噜噜叫，走了。天地明净，阳光透过明亮的大玻璃窗，照在我的身上。闭上眼，一片安详。

有感觉了。

真好。

小孩子会拢着手掌，跟另一个小孩子说："我手里有一个好好儿。"这里的"好好儿"是个名词，好吃的，好玩儿的，反正就是很好的，可以带给人隐秘的快乐的物件。此刻环绕在我身边的一切，屏风啊、床啊，书桌啊，猫啊，老公啊，外面红红碎碎的鞭炮屑啊，门上贴的春联啊，小孩子在外面尖声地咯咯笑啊，都像可以被我拢在手心里，隐秘地快乐着的"好好儿"。

就像辛弃疾的词《清平乐》，茅檐低小能避风雨，是个好；溪上青青草，春来到，是个好；醉里吴音相媚好，打打情骂骂俏，是个好；白家谁家翁媪，你也是个好，我也是个好；大儿锄豆溪东，很勤劳，好；中儿正织鸡笼，很顾家，好；最喜小儿无赖，溪头卧剥莲蓬，这无赖劲儿跟我家猫似的，它也不种也不收，还得要吃好喝好玩好，没事还喜欢挠我一挠，可是就数它是个好。它好比是天上的飞鸟，天也待它好，地也待它好，人也待它好。

无一不好。

就好比夜深打坐，两足似结跏似未结跏，虚虚地把手指拢着，闭目端坐，只觉思绪如莲花漂在意识的水流上，一瓣瓣顺畅滑过，没有一个是在脑海里无限纠结的，到最后，一切都不再想，一切都静下来了。连意识甚至也有那么一会儿不在了，觉得自己和床，和屋，和天地星空都融为一体了。

这个"好"，就来了。像是周身三万六千个毛孔都张开，雨后泥土的气息，午后阳光的香味，吹拂在头发上的风，雪花在脸上的舞蹈，嫣红的花朵绽放，香味搅动了空气，都能觉察到，最大的察觉是"我"是宇宙间凝结在一起的分子和原子，与万物原本就同源同质——与天地万物自然心心相印，枝枝相覆盖，叶叶相交通。

觉察到了"好"，那个在俗情尘世里漂流的"我"，与那半被尘情俗世的落花掩埋的"我"，就贴合在一起了，"我"与我同在了。此刻心境清明，如临水照镜，历历游鱼都看得清，只见世间种种际遇都有它的美。美了，自然就好了，好了，就快乐了——原来快乐是什么都不需要的，它不过是从心里冒出来的透澈的清泉，对命运的深邃觉察里开出来的安详的花朵。

是所谓清平乐。

淡年亦生欢

过年过年。

父亲母亲、哥哥嫂子、侄儿侄女、女儿猫咪。

包饺子：羊肉馅，猪肉馅，韭菜鸡蛋拌虾皮的花素馅。

凉拌蕨根粉，热炒腐竹，炖排骨，马板肠，手撕鸡，凉拌土豆丝，手掰肠，凉拌牛肉，猪舌根，豆角炒肉，蒜薹炒肉，炸元宵，凉切猪肚。

白酒，啤酒，红酒。

大锅肉汤熬白菜。白米粥，大白馒头。

走亲串友，看望一个八十八岁的老伯母。

老伯母个头儿小小的，大约不及我的胸口高。没有牙，瘪嘴巴。着新裤，穿新衫，在有出息的儿子的新房新屋里端坐得像是一尊佛。前额银发转黑，返老还童。平日里吃蛋糕，喝牛奶，无肉不欢。儿媳妇在家的时候乖乖的，儿媳妇前脚出门，她后脚偷摸开人家的大衣柜，一件一件扒拉着看，有中意的往身上比啊比，迎门照镜。洗脸用人家的洗面奶，不认字，有一回把牙膏抹脸上当"香香"。穿孙女儿的红棉袄，戴孙女儿的红发卡，把抹脸油往脸上抹的时候，额上点一点，左边脸蛋点一点，右边脸蛋点一点，下巴颏儿上点一点，就像电视广告里娇娇的小明星。

老太太属候鸟的，冬天跟儿子来城里住，儿媳妇伺候得不舒心了会骂："我儿子挣的钱，不能都给你们花了，我也得花一点！"得了病要让儿子开车拉到"大医院"："想在小医院给我瞧病，没门，没门。"过了冬天回村，自己住，蒸包子，种葡萄，种石榴，栽葱。

摔折过手腕，养养居然就好。前年还动过手术开过腹，第三天就问医生："我能不能吃肉？"

我们去看她，小小的人儿像粒端庄的核桃，我们笑，她也张着没牙的嘴巴笑，不说话——听不见，有点聋。我说"过年好"，她侧耳细听，然后尖尖细细的声音也跟我喊："过年好！"

我喜欢。

什么叫年？

小孩过的，叫"年"。穿新衣，戴新帽，买花戴，放鞭炮。

老人过的，也叫"年"。一生负担已经卸下，一世牵挂已经放手，清歌无忧。

中年人过的，不叫"年"，叫"关"。

年前想一家人的衣食，亲朋好友迎来送往一应事宜，小到瓜子花生糖果，大到请客送礼经营人情。大年三十总结过去，大年初一展望未来，小孩需要教养，老人需要赡养，老公需要补养，自己需要调养。去做头发，我问洗头小弟，我的白发多不多？他迟疑一下，说："不……那么多。"我换个问法，说如果不焗黑的话，前面的额发和鬓发，有没有白完，他说："没有那么夸张，大概百分之八十。"

一点都不稀奇，一点都不意外，连叹气伤秋的心情都欠奉，那种一丝丝渗入骨头缝里的疲惫与淡然，是年年岁岁积起来的凉月霜寒。

想想八九年前，除夕夜不肯睡，一定等到十二点，然后穿上鞋子哒哒哒地往楼下冲，看完热闹回家挨个儿给家里的桌椅板凳贺新年。

六七年前，我家的顶楼到楼顶，有铁条焊的"天梯"，供水管工人爬上爬下维修设备，除夕之夜，我居然有心情一格格爬上去，到楼顶看满城烟火，遍地硝烟。

四五年前，已经把家搬到了这里，房奴的重担不想再提。到婆婆家过新年，也偏偏有心情，一点一点去踩满地的梅红炮纸。

如今债已还完，人生尚余大半。外面鞭炮声声，众人在各自的"年"里穿行。小孩子的"年"是五颜六色的彩笔画出来的拱门，这头是快乐，那头是开心；老人的"年"是长尾巴的喜鹊登踏的梅枝，花已谢在岁月里，生命却仍旧属于自己；年轻人的"年"是彩虹糖的梦，梦里梦外都有爱情；中年人的"年"是一张纸，背面是过去的行行列列，事无巨细，正面是未来的片片红枫，艳丽似血，却是开在晚秋天凉。

睡在床上，无债无喜亦无忧。一切都是清水一样的淡然，却如烟柳笼翠雾，淡年亦生欢喜心。

年　画

要过年了，赶集去。

集上有的是好东西。卖水煎包的，支个大平底锅，锅底下烧着炭，锅面上倾一点水，把一巴掌能握四五个的小包子坐在锅里"烙"，水气蒸腾，冒出白烟，包子的屁股烙得水嫩黄亮，拾出来放在干荷叶里，卖给人吃。包子皮子脆嫩，馅子香鲜，坐在旁边的豆腐脑摊子上，叫一碗豆腐脑，脑白如玉，碗里撒着碎香菜、干虾米皮，又有俩大香油珠子，看着就醒脾。

你说乡民赶集为的什么，一是为的采买年货，一个还不是为的嘴。还有热气腾腾的大锅煮着开水，锅上架着饸饹床子，滚圆的荞麦面饸饹条被咯吱咯吱轧进锅里，两滚即熟，捞起盛碗，浇上羊肉汤做成的卤汁子，葱花蒜末调味，天寒地冻来一碗，周身热乎乎地暖。还有炸麻花、炸麻糖、贴烧饼，若肯花上块儿八毛的，吃得饱肚溜圆，就可以心满意足地在摊子上溜达着，看年画了。

那么多的年画，挂在墙上，铺在地上，卷起来靠着墙。仙鹤伸着长长的腿胫，弯着长长的脖子，伸出长长的喙梳它的翎；凤凰拖着长长的彩尾在云上盘旋；牡丹开得那么大，若是印得很大张，那一朵牡丹可比家里的吃饭锅；诸葛亮披着长长的外袍戴着奇怪的冠儿借东风，孙悟空戴着长长的雉鸡翎抡着金箍棒打妖精，贾宝玉和林黛玉坐在山石上看《西厢记》，边上纷纷地落红。白素贞把许仙护在身后，挡住了一心要杀他的持双剑的小青。白娘子穿的那一身白袍真好看，头上戴的弯弯的一根根银丝编的冠儿也好看。牛郎和织女被银河分隔两岸。

到现在还记得一个光屁股娃娃抱一个胖鲤鱼，咧开嘴笑嘻嘻，笑声都能透出纸。在很小的时候，还见过一张年画，一群小老鼠吹着喇叭唢呐，嘀嘀嗒，嘀嘀嗒，呜哩呜哩哇，抬着小轿子娶媳妇。新郎拖着长长的尾巴，穿着袍儿套儿，鬓上还戴一朵牡丹花。

那么多的明星冲着穿老棉袄、筒着袖筒的乡民嫣然巧笑，我爹看得挪不动路——老实巴交的一个人啊，买一张刘晓庆，再买一张刘晓庆。

我牵他袖子："爹，爹，买那个。"连环画《花为媒》，直接用电影剧照拼成的，这一幅里新凤霞扮的张五可在花园里唱"玫瑰花开颜色鲜，梨花赛雪满栏杆，满栏杆"，那一幅里赵丽蓉唱"他拿着琉璃当玛瑙，他拿着煤球儿当元宵"。这都是三十多年前的事了。那时候想必极鲜艳的色彩，红似红来白似白，可是为什么如今想起来，却都是暗黄模样？

谁家赶个年集，不买一卷两卷的年画带回去呢？人人都像孙悟空扛金箍棒似的，扛了回家。小孩子手快，解开绑绳，卷着的画就扑啦一下弹开来，里面的人头花脸、清溪流水若隐若现。我娘忙着打糨子，我爹站在椅子上，把年画当当心心地贴上。家里的房间常年糊着小格木窗，黄的，旧的，暗的，一贴上年画，就都亮了，整间屋子在宇宙里飘浮着，星星一样发光。

我爹的脸上也发着光。我娘的脸上也发着光。家里的炉灶也吐着火发着光。年就这样被鞭炮、年画、春联、猪肉熬白菜拉进了户户凡人家。只是不多几日，新崭崭的年画就被家里的小孩子用铅笔画上水波纹，画上头东尾西一连串的小鱼，美女的嘴上长出了胡子。等到年画旧了，年也跟着旧了，寻常日子又来了。

周而复始。

古代没有纸的时候，当然就没有画，有的是木刻，家家过年挂桃符。东汉末年的《风俗通义·祭典》中说："于是县官常以腊除夕，饰桃人，垂苇茭，画虎于门，皆追效前事冀以卫凶也。"蔡邕《独断》中说："神荼、郁垒而身居其门，主阅领诸鬼，其恶害之鬼，执以苇索，食虎。故十二月岁竟，常以先腊之夜逐除之也。乃画荼、垒并悬苇索于门户，以御凶也。"说的是桃符的驱邪辟凶的作用。

到了宋代，宋徽宗扩建"翰林图画院"，春节家家户户贴门神，门神的含义就多了迎福纳祥。宋代亦不叫年画，叫"纸画"，明代叫"画贴"，清代叫"画片""画张""卫画"，直到清道光二十九年（1849年），李光庭的《乡言解颐》一书中才出现"年画"这个说法。

以后年画花样愈来愈多，由细雨点洒，春草点点滋生，直到浩风驰荡，处处芳华繁盛。只是如今年画渐少，孩子们也早不再关注自家的墙面。岁月是个坛，原本装着那么多名叫"年画"的珠子，如今又都随流光散。

年味儿近

年味儿真是近了！

买了二十多斤猪肉，肥少瘦多，切成巴掌大的四方块，冷水洗净血水。找出许久不用的大钢精锅，锅里烧开水，把肉块放进去"紧一紧"，捞出。换清洁的自来水，找一个干净的纱布口袋，把花椒、大料、陈皮这些个煮肉料放进去，袋口系紧，扔进水里。二十来粒蒜瓣、几大厚片的姜、三根大葱切段，统统扔进去。又抓一把干红椒，也扔进去。放了几勺精盐，我不会炒糖色，想想家里有老抽，上颜色的本事也不差，倒了一些。一切就绪，肉块下锅，大火煮。煮肉倒比做菜更省事些，什么东西往里扔就是了，反正有肉总是香的，做不坏。

待水咕嘟嘟大开，任它小火慢煮，坐下来，东想西想。

想旧年的时候，老爹或老叔戴着白布围裙，在柴灶前用大肉叉子把大块子肉一块块叉起，摺进锅里；又用斧头把脊骨和排骨剁段入锅。我在灶下干柴猛烧，风箱咕当拉当，火舔炉膛。扭曲跳动的火焰把我努力后倾的身体映在墙上，也跟着喝醉了一样，左扭右晃。

我爹拿一根长筷子往肉身上一扎，筷子直没下去，他弟兄两个就把肉一块块捞出来，排兵布阵一样排布在长长宽宽的大案板上。肉块热气蒸腾。我嘴急地撕一块，好香！

大宴开始了。

一家子坐下来，人人抓一块大骨头啃，满嘴油光光，那份热和香。我哥不耐烦啃骨头，就拿一大块肉来啃。我娘早洗净烫好一盆菠菜，把剩下的骨头上的肉丝丝缕缕撕下来，和菠菜拌在一起，放酱油、醋、盐，好一道"菠菜凉拌馇子肉"，就着早就蒸出来存在大瓮里的白面馒头，菠菜爽口，馒头细腻，肉丝甘香。

锅里还有一大满锅的肉汤，我娘早又把芡粉用水和成粥样，掺上剁碎了的熟肉粒和葱姜蒜，用清洁的白布缝成一只只圆滚滚的长布袋，我爹撑开袋口，她把粉芡粥一勺勺舀进袋里，及至满了，用白棉线扎牢袋口。一气总得灌十来个袋子，然后都放进肉汤锅里，就那么大火小火地煮好长时间——这就是我们乡间所说的"丸子"，至于现在球状的丸子，我们乡民叫它"丸子蛋蛋儿"，够形象。

记得那次是在半夜，我都困得睡着，我娘把我喊醒，手里拿一块颤巍巍茶色晶莹的丸子给我。我一把抓过，烫一哆嗦。咬上一口，又热又软，真香！外间屋里，我爹正和我叔他们几个男人，就着一碟酱油蘸白肉和一碟醋拌热丸子喝酒。

肉啊，丸子啊，都是刚出锅好吃，肉凉了，就少了新鲜劲；丸子凉后，就只能馏之使回软，或者熬白菜的时候切片放入，总是不及刚出锅热烫新鲜。还有炸豆腐和炸丸子蛋蛋，同样。

大锅里放半锅油，旺火烧开，我娘系着毛蓝布的围裙，把做得的豆腐切成片片块块角角，下油锅里去炸。"咕嘟嘟"一阵油花泛起，豆腐先是沉底，接着一个接一个浮起来，像一只只小黄鸭子。她用笊篱把炸熟的豆腐捞出，就这个时候，拈一个咬破一个尖尖，一小蓬热气扑的一下扑出来，然后蘸一点盐花，美味！

豆腐炸好，我娘把芡粥一挖一小块，快速在手心里一团，往油锅里一扔。就这么一挖一团一扔，一挖一团一扔，刚开始丸子蛋蛋儿沉底儿，一会儿被油烘得浮起来，颜色由灰白转为棕金，也捞出放入菜篮，也拈一个用齿尖慢慢咬将来吃，外焦脆内烫软。

所以煮炸年货的时候，是不肯好好吃饭的。这儿叨一块儿肉，那儿叨两块豆腐和丸子和蛋蛋儿，就饱了。不过眼见得肉也煮了，配菜也都煮好炸好，我爹把家里打水的铁桶洗干净，把肉汤一瓢一瓢舀进去，盖好，放在墙角，准备正月里熬白菜。

锅里肉汤还留着两瓢，我娘把白菜剥个光净，改刀切大块，稀里哗啦往里扔。又把肉切大块，往里扔。把豆腐、丸子、蛋蛋儿、往里扔。已经泡软的粉条，往里扔。我继续仰着身子拉风箱，咕当拉当，咕当拉当。

一会儿工夫，原本堆得小山一样的菜塌了下去，热了，软了，熟了。一人拿一只大海碗，盛海海漫漫的一碗，用手掐俩点着花子的大白馒头，随便哪儿一蹲，呼噜呼噜吃起来。

这，就是年味儿。

如今这年味儿可怎么找呢，去哪儿找那么大的锅，哪里盘那么大的灶，去哪儿找那种树根、树桩子劈就的干柴？就算找着了，谁家有斧子去劈它？就算有斧子，谁又会用呢？

可是女儿还是觉得有年味儿了，自开了锅，肉香溢开，就口水流成了河，围着锅台摇尾巴。好不容易等出了锅，先撕一块肉给她，她啊呜一口就吞了，大着舌头说"烫烫烫！"然后又无师自通地倒了半碗酱油醋，用热肉蘸着吃，我也尝了一块儿，味道真不坏。我又给她做了一道"菠菜凉拌馇子肉"，吃得香着呢，一边吃一边痛下决心，明天一定减肥，一定！

捞出一块肉，细切细剁，打算明天包韭黄肉馅的饺子。余下的肉块就在锅里卤着吧，急什么。

以前满心里都是读书读书，写作写作，如今在厨房里打着转地忙，也像模像样围着围裙，才觉得是真正地过生活。说句不怕俗的话：柴米油盐酱醋茶，总实在过琴棋书画诗酒花。

白雪红灯香香的年

过年过年，白雪飘满天，红灯挂堂前，热热闹闹过大年。

老人们嗑瓜子、剥花生，看着电视说年景，我的小姑娘往小猪储蓄罐里存她的压岁钱，一边贼兮兮往两边看，生怕让人看见——那还能看不见吗？我全看见啦！

少壮派手里不闲，厨房、案板，盆盆碗碗全部摆满。

我哥负责"绿案"，绿菠菜，黄韭黄，灯笼椒绿里泛青光。绿配紫，黄配红，大火烧了毛毛虫，全凭他一手调停。

我爹负责"红案"，早几天他就已经在大锅里煮肉，红曲抹得红艳艳。油锅里炸丸子球、豆腐片、山药块，无须论圆、方、扁，全都是香、面、甜；他如今是要炒菜的，肉切丝，葱切段，蒜剁成粒姜切片，急火快攻，一盘盘菜炒成。

我娘负责"白案"。大"面盔"里和饺子面，菜盆里是羊肉萝卜和猪肉白菜两样馅，精白面粉做皮子，她和姥姥围着小板桌包饺子。妈妈擀，姥姥包，八十岁的老人了，眼还那么灵，手还那么巧，细牙牙一下下掐满一只只小饺。

我？我负责"菜案"——人的胃很聪明，它知道自己在什么情境下应该吃什么。天热吃凉瓜，天冷吃八大碗。春吃春盘秋贴膘，像今天这好日子，滴水成冰，那是要吃熬菜的！

过年煮肉的肉汤烧滚，十来棵大白菜三下五除二剥光除净，咔咔咔举刀十八斩，切成大块，一窝细粉条，五花肉切大薄片，葱、姜、蒜、花椒、大料一概不用放，肉汤里作料全。一笊篱豆腐，一笊篱丸子球，豆腐、海带随便往里扔，一阵猛火烧开，红火舔着锅底，锅里热气翻腾，冲天香阵透长安。

我家的熬菜里，豆腐是要放两种：一种是冻豆腐，我爱吃，净"蜂窝"，一咬一股水，彻骨玲珑。清崔旭有《冻豆腐》诗云："菽乳温柔不耐寒，凝霜冻块入朝餐。切来巧露蜂窠密，煮出浑同羊肚看。彻骨玲珑堪下箸，嚼冰滋味恰登盘。黄齑白饭先生馔，正好冬厨饱冷官。"一种是白豆腐，善收万物之长，近肉则肉味，近菜则菜味，还有椒料的味，鲜嫩顺口，烫玉软香，孩子和老人吃起来格外地香，甫上桌就被一扫光。

一天忙乱，晚间开宴，七大八小，正好把饭厅里的大圆桌坐满，圆圆的桌子圆圆的盘，圆圆的灯笼映着圆圆的脸，看哪里都是团团圆圆。

红根绿菠菜凉拌拆骨肉，菠菜整根焯来，凉水过凉，和顺拆的肉丝一起拌，老陈醋加黄芥末，再配绿葱香蒜；皮蛋只只划开，大圆盘里摆成莲花样，紫里透明，是上得了年画的一朵佛门净莲。玉白娇黄的菜心切细丝，渍上醋糖，甜甜酸酸，像初恋。麻婆豆腐一个，豆腐色泽红亮，牛肉酥香，麻辣香酥白嫩烫。青蒜苗炒红肉，青青红红，好吃好看。青椒掰粒炒鸡蛋。肉汤里煮肉皮，做成肉皮冻，滑溜筋颤。鸡也上，鸭也上，鱼和扣肉都上。且慢，还有几十年不变的老例菜：腌腌豆、凉拌肚、"头道菜"——"二十三，过小年"，这一天是要杀猪的。葱白炒猪血，即谓过年的第一道菜，故得名曰"头道菜"，无它，不算过年。

还有酒呢！陆游《柳林酒家小楼》诗云："桃花如烧酒如油"，过年喝酒是"红灯如烧酒如油"。

还有年糕呢！用红曲、玫瑰汁、薄荷汁、青菜汁、鸡蛋黄、豆沙把年糕染成朱红、玫瑰、绛紫、翠绿、酱红、鹅黄，再把桂花、薄荷、芝麻、花椒末掺进年糕，五彩缤纷，五味芬芳，既是国色，又是天香。

推杯换盏，言笑晏晏，噼里啪啦的爆竹响成一大片。这可真是流光容易把人抛，一转眼红了樱桃，绿了芭蕉，一转眼大雪满天飘，一转眼大红灯笼高高挂，欢欢喜喜年来到。香的是人情，甜的是团圆。东泰山，西华山，仙人当空舞白练，白雪红灯好一个香喷喷的年。

闲步中庭踏落梅

红梅。

雪中的红梅。

雪是《红楼梦》中那场雪。

梅是《红楼梦》中那场雪里的那一树梅。

年是要接的，春是要迎的，大红花炮做媒人，接到家，迎进门，从此就是自家人，此后的日子不再火颜崭新，不过是一日又一日地循序渐进。所以大年三十的这顿鞭炮最是放得惊天动地，让人心也恨不得像二踢脚，"砰——"一蹦子蹿上天，然后再"梆!"一下子炸开。一夜过去，大年初一反倒静下来，自家小院里，一步步踏住的只是一地碎屑，红得叫人惊心。

红梅落一地，大约就是这个样子。锦重重，一地梅红。只凋不谢。

这样的盛况在汪曾祺的《岁寒三友》里曾有提及。三友之一的陶虎臣是开炮仗店的。"陶家炮仗店的生意本来是不错的。他家的货色齐全。除了一般的鞭炮，还出一种别家不做的鞭炮，叫'遍地桃花'。不但外皮，连里面的筒子都一色是梅红纸卷的。放了之后，地下一片红，真像是一地的桃花瓣子。如果是过年，下过雪，花瓣落在雪地上，红是红，白是白，好看极了。"我知道这一地梅红是怎么来的了，鞭炮厂从陶师傅那里偷师了。

不过汪老说像桃花，我看明明是红梅。你看《红楼梦》里那一场纷纷扬扬的大雪，搓棉扯絮，把整个大观园变成琉璃世界。茫茫一片白里，那红梅"如胭脂一般，映着雪色，分外显得精神，好不有趣"！

宝玉觉得有趣，大家都觉得有趣，李纨一个槁木死灰的人都动心，让作诗输了的宝玉替她跟妙玉要一枝来。这一枝更是分外精彩："只有二尺来高，旁有一横枝纵横而出，约有五六尺长，其间小枝分歧，或如蟠螭，或如僵蚓，或孤削如笔，或密聚如林，花吐胭脂，香欺兰蕙，各各称赏。"所以李纹、李绮和宝琴都作诗赋红梅："桃未芳菲杏未红，冲寒先喜笑东风。""冻脸有痕皆是血，酸心无痕亦成灰。""幽梦冷随红袖笛，游仙香泛绛河槎。"宝玉还来了一句："入世冷挑红雪去，离尘香割紫云来。"不过那都是开在枝上的梅。就是东坡的《红梅诗》："怕愁贪睡独开迟，自恐冰容不入时。故作小红桃杏色，尚余孤瘦雪霜姿。"还有梅尧臣的"缀缀红梅肥似蜡，蒙蒙飞雨洒如脂。吴郎齿软食不得，翻忆张公大谷梨"，笔下也都是一枝枝上红梅。

为什么人不爱咏落梅？想来花开在枝上好看，落地便为凄凉不吉，除了黛玉拿个花锄把它葬了，此外便没有人爱。这样看起来，倒是王冕的《红梅》格外显得动人些："深院春无限，香风吹绿漪。玉妃清梦醒，花雨落燕脂。"里面自有他悲天悯人的心意。

爆竹也就是这样一种东西，心比天高，命比纸薄，"自怜结束小身材，一点芳心未肯灰。时节到来寒焰发，万人头上一声雷"。虽是一声惊雷，却是"官卖红袍价不廉，俨然法相欲登天；凌人气势惊人响，散作尘寰几缕烟"。散烟也好，化灰也罢，声已销，雷已逝，转眼间红屑就洒了一地？嫣红处不是"香蕾羞开一霎红"的枝上红杏，而是雪寒冰冷中，响声上了天，残骨却如那一树"桃未芳菲杏未红，冲寒先喜笑东风"的红梅花瓣，铺盖一地。

今年北地无雪，雪都下到南方，成冰成灾，叫人挂怀。好在破冰回暖，新年已至，心头无事，手边也无事，成全了一个闲人闲步中庭踏落梅，只等这瓣瓣落梅明年再飞上花枝。

烟花甜

站在烟花下面，看烟花。

嘭，啪。嘭，啪。

脖子都快仰断了。似乎放不完似的，又似乎一下子就放完了。

上次这么热切地看烟花，是在前夫婆家门前的麦地里——大冬天的麦子不怕践踏。真怪，我也有前夫了。

那一次是正月十五，本地政府用大卡车拉着花炮在城中心和四个角分别布阵，四里八乡的百姓们纷纷拥进城，有友的投友，有亲的投亲，都来看烟花。就在那一大片麦地里，人影布满，雾横散乱。也不知道是谁一声令下，天空"哗哗哗哗"四个角绽了四朵大花，中间"哗"的一下爆出一朵硕大的烟花。烟花节开始了。

那样的管弦纷繁，节奏狂乱。白红绿黄，球状带状环状鱼状马状狗状龙状鸟状。最爱看的是柳树状，一颗烟花爆开，丝丝披垂而下，又在靛青的天幕上和人们的瞳仁里缓缓浅淡，消失不见，像转瞬即逝的梦幻。人们快乐地欢呼，小孩子疯疯癫癫地奔跑，我的小孩数不清在麦地里摔了多少跤。

那是十几年前的事了，今年她都二十岁了。那一大片的麦地现在早没了，盖起横七竖八的高楼。

那时只有雾，没有霾，麦地里还允许长麦子，路两旁居然还有野花野草。我还揪过路边野苋菜的叶子煮面汤、包饺子。公路上也还没有那么多车，家庭里也没有那么多的人网恋和出轨。

　　然后就一直怀念那场烟花。烟花年年亦有，只是民间的烟花总归零零散散，不成规模；快乐亦是言不尽意的快乐，又譬如好花不肯开尽抑或好衣裳不肯着尽的快乐，有所保留，做不到覆水难收。

　　然后去年家就没有了——前夫出轨了，且因为要离婚，前夫一家连孩子的财产份额都想霸占和剥夺——最终也终于被他们剥夺去了，因为我没力气再争了。

　　那个年的凄凉无可言说。所以去年没有放烟花，听听别人家的炮声炸响，烟花爆开："砰、啪"，年就这么被过掉了。

　　一年离乱不堪，该离的离，该散的散。也不能说不怀念，所以当一个人协助我整理地下室，二十二年前的婚床的旧床头扔出去了，一个旧五斗橱扔出去了，余下一个明黄色的旧书柜，柜门都坏掉了，漆皮也剥落，那人要扔掉，不晓得怎么心里就万般不舍。一身灰扑扑的衣衫，坐在小凳上，鬓发蓬乱，埋下头，脑子里奔腾来去的都是昔日的残影。想那一朵朵爆开在空中的烟花，就那么张牙舞爪、张扬恣肆地爆开来，又一瞬间熄灭掉，泪就无声无息地落下来了。那个人惶急得手足无措，连说不扔了不扔了。

　　这个帮我整理地下室的人，是在我不肯再相信爱情的时候出现的，真是不得其时啊。所以他从很远的地方，冒着很大的雾，起一个很大的早，亦步亦趋地跟在长途客车后面，循路来到我住的小城，抱着一束玫瑰花敲开我的家门，跟我说生日快乐，也没有感动过；明确告诉他不合适，客客气气把他请走，他再一次路远迢迢地赶来，在我家门口徘徊再徘徊，终于鼓起勇气，再次敲开我家的门，也没有感动过。他不肯走，坐在我家客厅乖乖地剥花生，我就躲，在卧室里看书、写字、发呆。

然后这个人说：元宵节请不要赶我走，哪怕你不肯接受我。我有一个最大的心愿，就是替你放烟花。

　　于是他没有走，睡我家的沙发，然后带着我的孩子，一起到楼下放烟花。

　　而我，就那么近近地站在一朵一朵往上蹿的烟花底下，直直地往上看，看它们在空中一朵一朵爆开，那么亮，那么好。丝丝缕缕的柳树，好像每一根枝子都是棒冰做的。

　　年年烟花乱，唯有今年的烟花甜。

　　毕竟又是新的一年了，唯愿世间丑陋掩盖不住美好，鄙吝掩盖不住宽厚，凉薄掩盖不住温情，哀痛掩盖不住快乐。愿人人都好，爱像烟花在天空爆开，一朵朵都是甜的。

第三辑
春风杨柳

春日宴，绿杨阴里歌声遍

上午无事，去朋友的村里采苜蓿。七拐八弯到了，设想中的苜蓿田并没有出现，只不过有人家在地边撒了一些籽，长出来的苜蓿苗，不留神根本看不见，野草相似。绿绿的小叶子，细细的小茎秆儿。

朋友带我们去采，就真的是"采"，一把一把地嫩尖儿采下来。旁边一个农人经过，说："多采些，炝锅做汤面，好吃。"

朋友又带我们上房摘香椿尖儿。我其实没有摘过，所以就采它的嫩叶，朋友说你得采尖儿，吃着才嫩。

出门要走，猛抬头看见槐花！

初入春时，一夜之间，杨树吐穗。前日谷雨，阴了两天，说不上暖和，槐树一直是绿绿的嫩叶子。今日天晴气暖，槐花瞬时开满。攀着槐枝，一嘟噜一嘟噜地采下来，想着那支歌子："高高山上一树槐，手攀槐枝望郎来，娘问女儿望什么，我望槐花几时开。"她那是高山，若是平原，槐花早开，就不用伪装那么辛苦，直接就说："我在采槐花哩，我要蒸槐花饼子哩，我要蒸槐花苦累哩。"

一路走心满意足，觉得像地主老财，财大气粗。看吧：苜蓿可以炝锅，做热汤面；可以拌玉米面，蒸苦累；香椿可以炒鸡蛋、可以拌豆腐；槐花可以蒸苦累，可以炸槐花丸子。

满当当一出春日宴。

到家先把槐花摘出一小把来，顺着小茎儿捋下一粒粒的小花儿，拿青瓷盘盛了，像一盘儿碎玉，却又根蒂儿嫩红，着实的好颜色。洗净，裹一把白面，撒几粒细盐，拌匀。坐锅，放底油，烧七成热，抓一撮儿团一团放进去，咕嘟咕嘟地炸起来。见它金黄变色，捞出沥油，盛入瓷盘。一口儿的好清甜滋味。

再把苜蓿抓两把洗净——既无杂草亦无叶梗，很省心的一种野菜儿。然后抓两把玉米面拌匀，再放盐拌匀。坐锅，煮开水，把苜蓿放笼屉里，五分钟后起锅，熟了。热蓬蓬的一股子野菜香。倒香油拌一拌。朋友又做了醋蒜碟，我却不蘸，就是偏爱这样的白嘴来吃，单吃它的油盐味，不晓得为什么这么着迷。

忽然间心里动，问朋友："你小时候吃过油盐饼子不？"

他说："那咋没吃过。"

我明白怎么回事了。小时候家家穷，吃玉米面儿的贴饼子。大锅、干柴，我娘把玉米面用开水烫了，转着圈儿往热锅的锅壁上贴饼子。我吃贴饼子，必得就炒鸡蛋，不然不好咽，糙口，太干。放学回来，饿了，饭着急吃不到嘴，我奶奶就把一个饼子用刀剖两半，每一半上撒上细盐，再倒两滴香油。两片饼子对着撮合两下，就盐也均匀了，香油也均匀了。一口咬下去，饼子虽仍糙口，却有油盐的滋味，抹平了它的毛刺，一股子丰盛豪华的香味。

后来家里不再用大锅做饭，贴饼子等闲吃不到嘴，更不用说油盐饼子。这个味道也说不上多么想念，可是一旦吃着，味蕾就知道：就是这个味。

所以我一筷子一筷子地，尽着吃。

心里又很充实，因为尚有香椿苗儿，明日可以拌豆腐，可以炸面鱼儿，可以炒鸡子儿。

出门的时候，杨树叶子青碧，槐树叶子浅碧，一路蜿蜒而去，一路青绿，春深如醉。回家更见满树槐花，这里那里地乱开。又拐到麦田里找到一株王不留行，拔下来，带回来，想着种起它来。真是陌上游，谷雨后，榆钱已老吹满头，新日新花薄衣透。春日宴，绿杨阴里歌声遍。

槐食录

春末夏初，槐芽绽，槐花浓，槐叶生。

槐芽苦，却可上火蒸，再焙干，苦中有清香，做成槐芽茶，清苦的人可以"代茶饮"，不宜饮茶又嫌白水寡淡的人亦可"代茶饮"。槐芽亦可吃，明代有《竹屿山房杂部》一书，讲槐芽用盐汤泡过，晒成"槐芽干"，可煎可炒，也可放进肉汤里，荤食有清味。

槐花不用说，煎炒烹炸均可，餐英食清芬，效仿古人总是没错的。

嫩叶滋生，采下来沸水中焯熟，用水浸去苦味，拌姜末、醋，即成凉菜，未必好吃，却可思古。宋诗人陆游即写过一诗叫《幽居》："荠菜挑供饼，槐芽采作菹。朝晡两摩腹，未可笑幽居。"吃着它，也算幽居了。《农政全书》又记载明时有人喜欢做"槐叶煮饭"，应该是先将槐叶泡去苦味，再投入水中熬成汤，再加白米煮成饭，味道未必多勾魂，勾魂的是颜色。

最有名还是槐叶冷淘，其实就是槐叶取汁揉面，做成的凉面。北宋黄庭坚就曾经列举出三种他认为最美味的食物，一是同州羔羊蒸到烂熟，浇上杏酪调味；二是用南京白面做的槐叶冷淘，以襄邑的熟猪肉为卤；三是由吴人将松江鲈鱼切成鱼鲙，与共城香稻饭配食。就连大诗人苏轼也留下了赞美之词：《二月十九日携白酒、鲈鱼过詹使君食槐叶冷淘》中有一句"青浮卵碗槐芽饼"。至于详细做法,在宋代林洪《山家清供》里有载:"于夏采槐叶之高秀者,汤少瀹,研细滤清,和面作淘,乃以醯酱为熟齑,簇细茵,以盘行之,取其碧鲜可爱也。"元代《云林堂饮食制度集》中也有"冷淘面法",是用鳜鱼、鲈鱼、虾肉等做"浇头",风味也佳美。

写槐叶冷淘最有名的还是杜子美的诗:"青青高槐叶,采掇付中厨。新面来近市,汁滓宛相俱。入鼎资过熟,加餐愁欲无。碧鲜俱照箸,香饭兼苞芦。经齿冷于雪,劝人投此珠。"

为什么要说"投此珠"呢?估计不是面条,而是一个个圆圆小小的面球?凉凉的,绿绿的,冰过的,好吃得很吧。暑热天气,平常人家哪有冰可用,用得起冰的是宫廷,所以这是大内才能做出来的美食。因其难得,所以名贵。

什么时候,"珠"成"条"成"丝"了呢?

成书于南宋末年的生活百科全书《事林广记》中记有一道"翠缕冷淘":"槐叶采新嫩者,研取自然汁,依常法溲面,倍加揉搦。然后薄捏、缕切,以急火沦汤,煮之。候熟,投冷水漉过,随意合汁浇供。味既甘美,色亦青碧,又且食之宜人。此即坡仙法也。"这里的"缕切",恐怕就是切成细细长长的面条了吧?其碧如缕,其缕如碧,色形兼备,"翠缕",这名字起得真美。

现在吃冰是易事,槐叶冷淘家家可制。若是胃弱的人,还可冷淘热吃。取一玻璃盆,盆中盛小半盆晶莹剔透的冰块,取其透明可爱,上面整整齐齐摆上细长如发丝已经煮好的碧绿色面条。

煨出一锅好汤来,淮水有银鱼,身长不过寸,虽无肉,味却鲜美,慢火熬半日,整个银鱼化进汤里,颜色白如牛乳,再以细笋丝和火腿片提味;无鱼鸡也可,鸡汤也是美味。将汤盛进细洁的青瓷白瓷的碗,细腻的釉色,乳白的汤,笋丝嫩黄,火腿片如绛桃花,冰好的面既劲且韧,放进碗，抖散，面丝如游鱼，在汤里游弋。再将细香葱花撒进碗里。冷淘热吃，笋丝脆，火腿薄，葱碎芳香，味道格外漂亮。

其实，槐叶可做冷淘，菠菜冷淘可不可以？芹菜冷淘可不可以？宋代诗人王禹还有《甘菊冷淘》诗："……淮南地甚暖，甘菊生篱根。长芽触土膏，小叶弄晴暾。采采忽盈把，洗去朝露痕。俸面新且细，溲牢如玉墩。随万落银缕，煮投寒泉盆。杂此青青色，芳香敌兰荪……"诗中，面条是"煮投寒泉盆"做成的，由于掺进了甘菊汁，所以冷淘的颜色青青，"芳香敌兰荪"。

其实，什么冷淘都是可以的，仙人掌冷淘也行，但是不知道怎么的，人从乡野来，春风舞老槐，无论此生身居庙堂之高，还是地处江湖之远，这青青嫩槐叶却让人心底最眷恋。

葱美人

要做菜，我把一棵葱剥得白白嫩嫩，挺拔秀丽，就对它笑，说，葱美人，你好漂亮哦。

先生嗤我："一棵葱漂亮什么？"

我大不服："不漂亮吗？"

"漂亮吗？"

"不漂亮吗？"

他不答，往门外逃，我揪住他做思想工作：

首先，从理论上讲，人家葱长得漂亮。如果不漂亮，晴雯不会在看了一起来到的几个姑娘之后笑嘻嘻地赞美她们像"一把子四根水葱儿"。王熙凤也不会埋怨老太太会调理人，调理得"水葱似的，难怪人要。我若是男的，早要了，还等这会子呢"。就是人家刘兰芝打扮好了见婆婆大人，也是"指如削葱根，口若含珠丹"。

其次，从效果上讲，人家葱香得漂亮。如果不漂亮，佛教徒也不会戒它了，戒它和戒美女的原理一样，都是怕和尚家家的动了凡心。这东西太香了，使人一吃忘情，不是，一吃忘佛，对如来不好交差。

然后，从为人上讲，人家葱做得漂亮。葱是很大气的东西。你见过有人骂人：咬群的骡子似的，那意思是和别人处不到一起。菜蔬里也有独性的，独往独来，不和别人搭配，一搭配搞不好谁都没了滋味，比如笋。但是没见过和葱说不到一起的，做什么菜都几乎先用葱花炝锅，凉拌菜里葱丝也是清清白白独一份儿。古人叫它和事草，就是这个意思。这份风格和胸襟，不愧它菜伯的古名，引领众菜，精诚团结，为满足人的口腹而奋斗不止。

有这些好品质，决定了南甜北咸，东辣西酸，各有各的偏嗜，但全国各地少有不吃葱的。山东有章丘大葱，陕西有华县谷葱，辽宁有盖平大葱，北京高脚白大葱，河北隆尧大葱，莱芜鸡腿葱，寿光八叶齐葱，福建两广的细香葱，胡葱，长江以南的四季葱……

吃得出了名的当然属山东人。就好比江南出美女，人家那里的葱确实出色。"葱以章丘为最肥美"，"茎长而粗，葱白肥大脆嫩，辣味淡，稍有清甜之味。重者一斤多"。瞧瞧，白嘴就可以吃，当水果。再蘸上甜酱，卷进大饼里，咸香清甜，谁不爱吃？其实全国人民都日食有葱，否则做出菜来总觉语言无味，面目可憎。

葱不但好滋味，而且好药用，中医说它味辛，性温，能发表和里，通阴和血，等等，简直就是一等一的救命草。

还有一种葱，也美，更纯朴，味道更浓烈。像乡野村姑，可以赤裸裸表达爱情，一点都不用含蓄，看见情哥哥就唱："阳婆婆出来照西墙，爱哥哥的心思一肚肚装，草根根比不上树根根，你是妹妹的心上人……"这就是茫茫戈壁滩上，一簇簇、一丛丛的嫩绿沙葱，带回家，做饺子馅、拌凉菜、腌制冬菜，又鲜、又香，味道美极。

你看，葱称美人，名下无虚。

美人好脾气，可以当绿叶，衬托红花：袁大才子的《随园食单》里用葱做配料随处可见，比如卤鸡：囫囵鸡一只，肚内塞葱三十条，茴香二钱……香吧？比如倪云林集中载制鹅法：整鹅一只，洗净后，用盐三钱擦其腹内，塞葱一帚，填实其中……

美人好能干，可以独当一面，面不改色：是北方人，四季爱吃面。葱油拌面味道最足，最纯，色泽红亮，滋味肥鲜，葱辅面香，面助葱劲，浓酽可口，百吃不厌。葱油饼是无锡应时小吃，用板猪油、嫩油渣、葱、盐、糖制成馅心，包在面酵中，放在圆盘内揿成圆状，放入平底锅内用油煎成金黄色即可。油饼大而薄，又脆又香……

美人可以当英雄，演出大救驾：来了客人，一无准备，只要篮里有蛋，后园有葱，就心里不慌。葱油饼可烙得，葱花鸡蛋可炒得，主食就是烙饼卷大葱嘛。

美人好仁义，牺牲自己，滋养人身。至于佛门弟子吃了思凡，不是葱的原因啊，是其心不诚。当初六祖避难，还不是随行就市，人家吃肉，他吃锅边素菜？也不见破了佛戒。

帕米尔高原古称"葱岭"，是丝绸之路中、南两路在喀什会合后唯一通往西亚的道路，虽以冰峰奇景著称，却总感觉它站在了时光的对立面，和时光抗衡。时光匆匆，挡不住一代又一代人郁郁葱葱。

其实，我的小家庭就是一盘菜。如果是葱烧排骨，先生是排骨，家庭主力，孩子是油盐，无它不欢，我是那棵葱，调出我们家特有的味道；如果是小葱拌豆腐，先生是豆腐，温柔大气，孩子是油盐，无它不欢，我还是葱，拌出我们家特有的简单清白的色彩；如果先生是山东烙饼呢？孩子是生命里的盐，我还是葱啊，离了我，看他怎么吃出千般滋味，万种风情。

先生看我大放厥词，坏坏地问我："宝贝，你算哪棵葱啊？"

"啊，"我斜睨他一眼，大笑，"我是一棵，美人葱啊！"

食本味

　　我埋头吃一碗玉米粥，面前一盘小咸菜，不说话。咸菜的味道把我深深吸引。是略微煞口但很干净的咸，没有丝毫杂味干扰，海水一样的味感。它旋风一样把我引向了久远的童年。那个时候，饿坏了就抓一块坚硬糙口的饼子，就着咸菜啃着吃，滋味既冲且足，哗一下就在舌尖开出铿锵的花来；饭桌上通常是一碗白米饭，细细的咸菜丝，软滑和清咸就像温柔的旦角和尖锐锋芒的小生唱"对儿戏"，招人入迷。

　　长大了，接触了味精，不大喜欢。本来菜有菜味，面饭也各有滋味，鸡鱼肉都有自己的香味，而味精的使命似乎就是为了达到天下大一统，搅乱和遮盖本味，所以我吃的菜非不得已，不放这种东西。

　　然而本味还是在一部分人的口头流失了，这真让人无可奈何。

　　成为贵族的人们在把衣饰寝具和礼仪搞得无比复杂的同时，也再不肯满足于简单的烹调，饮食的内容和形式越搞越复杂，"你把才下来的茄子把皮签了，只要净肉，切成碎钉子，用鸡油炸了，再用鸡脯子肉并香菌，新笋，蘑菇，五香腐干，各色干果子，俱切成钉了，用鸡汤煨干，将香油一收，外加糟油一拌，盛在瓷罐子里封严，要吃时拿出来，用炒的鸡瓜一拌就是……"《红楼梦》里一样茄鲞，让茄子都不再是茄子。

　　不过，本味在广大民间仍旧是基调和土壤。川菜有一味神品叫开水白菜，名字听着就平淡无奇，用料更是无奇至极。平淡无奇的鸡汤，冲烫平淡无奇的白菜心，入平淡无奇的笼屉里蒸，拿出来撒上平淡无奇的食盐。可是奇怪的是，这样一路平淡无奇下来，却味道异常清鲜。一桌煎炒烹炸，浓香异味之中，它是最不起眼的，就像一屋子红香绿玉里一个穿白衣的女子，默然不动，声色温柔。可是尝尽带攻击性的、霸道的香浓鲜辣之味后，这道白菜甫一入口，便用最温柔的姿态攻城略地，收尽人心。

苏轼说人间有味是清欢，来一个上纲上线，所谓大音希声，大象无形，就滋味而言也不能过的妖艳招摇，大香必是本味。如果说无为而治达到治国理家最高境界，那么无为而烹也让食物具备了最高层次的滋味。

但是在厚味奇味怪味的洪流冲击之下，本味逐渐退隐到味蕾够不到的地方，和最不起眼的餐桌上。于是本味的迷失引发了一场灵魂深处的相思，对本味的怀念开始充斥和外化为各种表现形式，包括老妈妈贴饼子，乡里味饭庄，笨鸡下的蛋放两根韭菜一炒，就可以卖出惊人的价位。你一定想象不到在一个出产华丽丝绸和精肴美馔的世界上，人们怀念的居然是布衣布鞋和红辣椒小咸菜。同理，到处盛行婚外恋、一夜情的时候，人们的感情味蕾也被刺激得疲惫，转而渴望一场开水白菜一样的爱情，一碗白米饭一样平淡隽永的婚姻。

但是本味食物已不可见的同时，本味生活的迷失也正在大面积地发生和流行。人们用粗陶碗吃饭的时候，会满足于配一双竹木筷子，碗里的内容也满足于青蔬糙米；而粗陶碗、竹木筷、青蔬糙米又会使人们满足于四壁落白的房屋，简单干净的家具，适体舒服的布衣。生活在这样简单的物质世界里，人们的注意力会更多地转向星空和大地，绿草和鲜花，雅致有味的书籍，哪怕什么也不做，不知不觉中陷入一阵冥想都让人愉快。

随着日用生活的日趋繁复，当一个人的精力放在怎样才能享受精肴美馔，怎样才能住得富丽堂皇，怎样才能穿戴得耀人眼目时，他不会再有心思沉静下来。他会花大量的时间和精力修饰自己和"美化"环境，动用一切可能动用的力量，盖一切可能盖起来的高楼，这些高楼巍峨耸立，占用了多少空间，并且一路延伸扩展，直到占尽了人心里所有的地盘，这个时候，食本味，衣本色，住本体，活本位，就成为十分遥远的过去。于是怀念也来了，凭吊也来了，对简单本然的东西的赞美也来了，好像人人急于过一种简约而丰富的生活似的——可是再也回不去了。浮华成瘾，本味就升格为可望而不可即，沦落到可怀念而不可实施。不信？假如一场飓风把所有的奢侈品全部席卷而去，一切都要从头开始，又有几个人肯"饭疏食，饮水，曲肱而枕之"，还哼着小曲，自得其乐呢？

咸菜快跑

"陶家瓮内，腌成碧绿青黄；措大口中，嚼出宫商徵羽"。范仲淹少时家贫，却能于日日冷粥黄齑之时，吃出红花绿叶、音韵铿锵的诗意，显出穷老百姓普遍的阿Q精神。这点精神乐观得可爱，全靠了它，才能在穷山恶水中度过荒寒岁月。

咸菜是穷人下饭，取其价廉，只要能吃的东西，无物不可腌。白萝卜、胡萝卜，甚至还有腌红薯、腌土豆，洋姜更是天生来的腌货，小茄包，白菜疙瘩，辣椒叶，雪里蕻，逮住什么往里扔。家家都有几个瓮，米瓮、面瓮、咸菜瓮。咸菜瓮讲究清爽、干净，不能有油腻，否则咸菜易坏，生"白花"。懒婆娘拾掇不好，年年把咸菜腌坏，我娘巧手，且认真，腌出来的咸菜黄亮醒目，就是咸得惊人。

通常一入春天，青黄不接，大白菜已经告罄，青菜还是青苗，这个时候，咸菜披挂上阵。一碗剁碎的红红绿绿的小辣椒，两根红红亮亮的胡萝卜，玉米饼子蔓菁粥，乡人捧着大老碗，吃得呼噜呼噜直冒汗。也有讲究的人家，吃出许多花头，一碗咸菜泡半碗香油；腌茄梗撕开来，像吃鸡腿，香咸韧；风干的咸菜用水泡发，撕碎，切细，拌酱油、豆米、香干。乡里人嫉妒心重，会歪着嘴笑话不会过光景；有的人家又忒会过光景，饭时一人捞一个咸菜疙瘩，拿在手里咬得咔嚓咔嚓响，又会被人笑话粗糙。通常是把咸菜细细切丝，点两滴香油，所谓画龙点睛，既不奢侈，也不寒酸，就是一顿看得过眼的好饭。

一碗白米饭，拌上碎咸菜，淡黄玉白，咸菜衬出白米最纯正清甜的滋味。这种搭配很有道理，像唱大戏，丰神潇洒的小生要配千娇百媚的小姐，黑脸包公要配白脸奸相，挖野菜守寒窑的中年王宝钏要配满面胡子的薛平贵。咸菜和白米饭也是金风玉露一相逢，有一种粗朴生活里磨灭不了的诗意。只是咸菜这种东西如姜昆所说，像媳妇，多了受不了，离了又不行。只有日日是好日，不必咸菜当家，那恰到好处的咸菜才是点睛之笔。

我们北方的咸菜只重咸之一味，是名副其实的"咸"菜。南方人吃不了，望而生畏。梁实秋先生在《雅舍谈吃》里写保定府的酱菜："油纸糊的篓子，固然简陋，然凡物不可貌相。打开一看，原来是什锦酱菜，萝卜、黄瓜、花生、杏仁都有。我捏一块放进嘴里，哇，比北平的大腌萝卜'棺材板'还咸！"而南方的什锦菜若到了北方，也有一种不适宜，多了一种大户人家不必要的娇饰，甜酸苦辣之味太盛，反而遮盖了咸的本性，吃起来口感豪华，不大自然，有点喧宾夺主的意思。

若以人作比，刘姥姥就是北京有名的咸菜——棺材板儿，一种有年头儿的苦咸，腌得脸上的皱纹都是横七竖八；焦大是老辣椒，一种自恃老资格的辣咸，动不动跳着脚大骂上流社会偷鸡摸狗，爬灰的爬灰，养小叔子的养小叔子；尤三姐是盐腌的红小辣椒，看着美，闻着香，吃着辣，丢又不忍，辣出眼泪来还是想它。

两年前买了一套《现代名家名作》，一直闲搁，如今才翻来看，越看越觉现代作家们也颇合咸菜之味。鲁迅也像老北京有名的棺材板儿，咸得不留余地；张爱玲是什锦小咸菜，杂陈五味，华丽，却读来有一种苍凉的混沌之气；萧红是切得细细的咸菜丝，这是一个命薄的才女，透着黄亮娇脆。

这些话都属题外闲趣，说到底咸菜就是穷人的下饭，怎么看怎么像一张炎炎赤日下农民的脸，上面写着民生艰难，背后是土地、汗水、起伏的麦田，阳光强烈耀眼。

没什么，这样一个朴实的题材起这样一个够劲的题目，完全是本着哗众取宠的效果。记得看过一篇文章叫《尖叫的乳房》，酷毙。既然你的乳房可以尖叫，我的咸菜为什么不能奔跑。

醒目凉瓜

　　宋江拜会神行太保，落座酒肆，酒后想口鱼辣汤吃。"戴宗便唤酒保，教造三分加辣点红白鱼汤来。顷刻造了汤来，宋江看见道：'美食不如美器，虽是个酒肆之中，端的好整齐器皿。'"一句话摆明了他是个雅人，无论他是山贼还是义士——雅人的"雅"和痞人的"痞"就像至尊宝脚底那三颗痣，是永远抠不掉的戳子。

　　餐具是菜品的嫁妆，姑娘嫁得好不好，卖相第一。如清代才子袁枚所言，"宜碗则碗，宜盘则盘，宜大则大，宜小则小，参错其间，方觉生色。"平底盘盛爆炒，汤盘盛熘汁，椭圆盘盛整鱼，深斗池配整鸭整鸡，大烤肉一定放在海碗里，莲花瓣海碗里自然是汤了，黑木耳竹荪汤、鸡汁猴头汤、三片三鲜汤……虽然事实证明宋江要的那鱼是腌过的，不中吃，但是美器似乎可以折过它的罪过些许。就好比一个美人胚子，浮浅一些可以理解，名不副实一些可以理解，抬抬手，美丽当道，一切都可以过得去。

　　前天出去吃饭，点了一道醒目凉瓜。凉瓜么，说到底就是苦瓜而已——如同职业撰稿人，名气太大，只好一身化出数名，大家来分：凉瓜、癞瓜、癞葡萄、锦荔枝、红姑娘、君子菜……可是"醒目凉瓜"这个名字多好听，多有气质，如同一篇好文章，先有一个好题目在那里坐镇，人就被不由自主地吸引。

甫一端上，大家齐叹一句："美食不如美器。"透明的雕花玻璃碗里，半碗翠绿的汁，汁里泡着淡绿翡翠一样切成片的凉瓜，上面点缀几粒娇红的樱桃，恰合两句《清平乐》："三点两点娇红，半碗一碗翠绿。"原本都是极平常的东西，凉瓜一根，樱桃数粒，醒目半罐，一旦搭配起来，玻璃碗盛起，就有一种惊世的美丽。炎炎盛夏，热得恍恍迷离，一见之下，宛如浮瓜沉李，凉意沁脾，令人顿消暑意。舀一口汁，甜中有苦，吃一片瓜，满嘴清新。

那天要了一个香酱鱼杂，软滑香浓，要了一个杭椒牛柳，柔韧耐嚼，还有一个泡椒凤爪，清辣咸香，再搭上这个碧绿的醒目凉瓜，就是四色搭配完美的菜肴。菜的世界也似看山不喜平，需有素有荤，酸辣咸甜并存——就像我们蜉游其中的这个世界，有焦大，就得有林妹妹；有苏轼的"大江东去，浪淘尽千古风流人物"，就得有李煜的"问君能有几多愁，恰似一江春水向东流"；有东坡肉，就得有醒目凉瓜；寒风漫天的塞外西北苦寒之地，也会绽放一枝蜡梅；红楼十二钗，也有霸道的香辣蟹，也有清淡的金针菜，也有通红的小辣椒，也有圆柔沉默的红柿子——才能显出参差美好的滋味。

不过，假如肚子饿得咕咕叫，我必不点它，要的是油条大饼，红烧肘子清蒸鱼的痛快淋漓，若是二人对坐，并不为吃，只在四目相对之际，互通灵犀，那么这个东西可以锦上添花，因为它有充足的诗情画意。如同梅花树上雪，春天来了，杨柳初绽芽的嫩枝，或者繁杂的生活里面，偶尔发生的一次婚外情，悄悄燃烧，悄悄熄灭。所以说这种东西符合审美，是饱肚暖饥之外的东西，食精脍细之余的产物，衣食丰足的情况下对美的自然追求。就像这个世界上所有无根无蒂的东西、有花有酒的时节、闲愁乱恨的人儿、披衣而起的怔忡失神、夕阳、秋河、不求解渴的酒、不求饱的点心。这些都是生存层面以外的东西，有了它们，就有了美。

我们爱它，如同爱一个点缀生活的养眼美女，它爱我们，因为有我们这些人在，它知道自己很美丽。当人和醒目凉瓜对上了眼，这个世界也就有了意思。一向以为世上好看事是小狗大猫，深秋浅春，薄暮落红，如今再加醒目凉瓜一味。

大雪压青葱

　　落雪成灾，埋到膝盖。我从小路回家，还得靠我家的小腊肠狗给我用短腿矬身子蹚出一条道来。它从家里跑出来救我，一边用鼻子拱雪一边哼哼唧唧，黑鼻头上一点雪像开出一朵梅。

　　这样的雪下到朱门富户，可饮酒，可赋诗，可赏雪中红梅，可披着斗篷，丫鬟婆子打着青绸油伞，走来走去，走来走去。

　　下到民间，刚开始觉得好看，抬头看，雪花飘飘荡荡如同水母，人走路上，如游海底，有一种微微的窒息。两天两夜过去，雪仍不止，就开始关心菜价。芹菜，没了，生菜，没了，西红柿、黄瓜、茄子，全不耐冻，涨到比原来贵一倍不止。大白菜由原来的一毛八一斤卖到三块钱一斤，一棵白菜能花二十块人民币。蒜九块钱一斤，吃饺子碰上能吃蒜的猛人，一口蒜一口饺子，那就蒜比饺子还贵。

　　我家阳台外有一捆葱，下雪忘记收进来，给雪深埋，只看见葱叶子又挺又翘，从大雪里伸胳膊伸腿，绿得亮眼，绿得惊心，像白绸上绣出的几枝翠竹叶。

　　小的时候，我娘会在盆里栽葱。

　　旧瓦盆，二三十根苗葱，放在廊檐下承雨露春风，要吃时随手掐两叶，清水洗净，剪刀剪碎撒进面碗里，一股缭绕不散的香气，柔婉美丽，让人想起辛弃疾的词："大儿锄豆溪东，中儿正织鸡笼；最喜小儿无赖，溪头卧剥莲蓬。"果真一曲清平乐。

种在菜田里的葱则茎粗根白，叶片大而厚绿，随手采一片下来，填进嘴里，鲜辣得叫人流眼泪。拿它裹馒头、裹饼子，嚼得嘎吱嘎吱，牙齿都能染得绿，于味蕾又是很豪放的一阕东坡词。

山东人吃大葱特有名，一位山东朋友非常骄傲地讲，他们那里，山岭薄地、田间地头，沟沿渠边，到处都有大葱的影子。春天里吃葱芽蘸酱卷煎饼，夏天里大葱就烙饼，吃面就葱不就蒜，吃得一个个生机茁壮，号称打不死的武二郎……

《庄子》写着"春日饮酒茹葱，以通五脏"，大概是说窝了一个冬天，人的骨头腑脏个个发懒，需要酒和葱这些既辛辣又生热的东西来唤醒身上的零部件。好比说是酒使葱令，使人醒春。《礼记》中也有关于葱的记载，说"脍，春用葱"，不知道其意是不是说做如果春天做鱼脍的话，适合用细葱相拌。反正我家春季有一道葱篾儿拌香菜梗。所谓葱篾儿，就是葱白竖切成丝，如同细细的竹篾，颜色青白，入口细微，味道鲜辣，配上香菜的香气，是很下饭的小凉菜儿。北方葱南方种大约是从《管子》始，因里面有教人引入北方的葱来种植的记载。《汉书》里也有渤海太守龚遂命令民众种葱的记录。北魏《齐民要术》则把种葱的方法写得很详尽。葱就是这样风姿摇曳，步步生莲，从漠北塞外，开到杏花烟雨的江南。

于是黄庭坚有诗："葱秧青青葵甲绿"，陆游又有"瓮里黄齑细笔葱"，陈师道还有"已办煮饼浇油葱"，耶律楚材有更家常的："匀和豌豆揉葱白"……

清代袁枚善食，却不善论葱，大约觉得此物"不上讲"，倒是明末李渔在《闲情偶记·饮馔部》里有提及，说："葱蒜韭三物，菜味之至重者也。菜能芬人齿颊者，香椿头是也；菜能秽人齿颊及肠胃者，葱蒜韭是也。椿头明知其香，而食者颇少，葱蒜韭尽识其臭，而嗜之者众，其故何欤？以椿头之味虽香而淡，不若葱蒜韭之气甚而浓。浓则为时所争尚，甘受其秽而不辞。"居然还是贬义。言此三味之浓，不合高人的雅淡口味，倒迎合了世人爱浓艳的天性——争奈世人吃葱吃了几千年，葱花在肴馔上做出翠绿葱白的点缀，葱段在蒸鱼的盘子里散发出暖暖的馨香，葱白包裹在鸭皮和荷叶饼里若隐若现，就算是爱浓艳吧，也爱了几千年，此是天性，你有什么办法？

再说，葱味浓艳，也压不住其性高洁。我家这捆葱是最普通的鸡腿葱，叶厚白长，却是梧叶尽凋柳丝残的冬季，大雪压青葱，青葱挺且直。

花间约

爬山，去驼梁。

待得赶到，却在封山，大门不得进。正扫兴，村民好心指点我走一条砍柴种地的小路，一路上既无游客，亦无山民，只有我面对着阳光下偌大一座山林。天地皆静，只余鸟声。

几天前，晚上，避开游人如织，到一处荒凉的防波堤，天上是半圆的月亮，堤外是万点碎银洒在水面，凉风如水，万虑顿消。小时念过的诗不由自主吐出，叫作"危楼高百尺，手可摘星辰。不敢高声语，恐惊天上人。"天上哪里有人，但就是想着天上有人；而且地上没有别人，很多的别人，真幸运。一个人在堤上，抬头看得见月亮，低头听得见风吹水响，平日里忙得头昏眼花，觉得这一刻一切都抵消了，值了。

现在却不是万虑顿消，而是千思万虑皆不长，如同草籽被雪压埋，长不起来。随便坐在山石上，什么也不想去想。身边一片小花开，蓝格莹莹，花瓣大小如同挖耳勺，五瓣，黄心，矮茎，长风吹过，一片细茎都在那里顶着小脑袋摇啊摇晃啊晃，好像能听见一片声的小铃铛，细细碎碎，好像瓶里沙金互相碰撞。

野菊花总爱开在路中间，并不肯连接成片，就是一朵两朵的玩单干。秾丽艳黄，朵大如眼，金黄的花盘围一圈金黄的花瓣。山是绿的，阳光照得树叶如同半透明的翠片，隔年的枯草牵藤银白乌黑，野菊花开在这里，明显比开在万花园出彩，且万花园并没有它的位置，这里才是它真正当在之地。陶渊明为什么独爱菊？他爱的真是那种在万花园里精心莳弄的菊花，还是这篱落田地山川野径随处可见的野菊呢？

再走一段，半山崖上高高地开着一朵蒲公英。绿茎紫英，攥起如同婴儿拳，若是抻平大小可抵小儿掌。就它自己迎风开，不知道得意个什么劲，我好像能看见它笑嘻嘻的嘴。

一路上蓝花、黄花、紫花，活的花，还有叶间鸟声"嘀哩"如花——一朵朵透明的花儿啪地绽开，又啪地消失，不停地这里绽开，那里消失，是山簪在鬓上，垂在额前，挂在耳际的装饰品，越叫，山越静。

一直怕登山，怕冲高的疲累，也怕见人行如蚁，声煎若沸。像这样悠然自在，独去独来，一个人跟蓝天相对，跟白云相对，跟衰草绿树相对，跟花相对，就是一年来一百回，又有什么要紧？

更何况，还有花吃。

平原槐叶生青，郁郁蓊蓊，槐花一个月前开得正盛，如今早已经花落成荫。没想到这里的槐花如雪，逗引得蜂儿嘤嘤嗡嗡。一时兴起，采了好些。含苞的不采，怕伤了花的生机，将萎的不采，因其已经散失了香味，就选那正开得好的，采回去，洗净，拌上少少的鸡蛋面糊，团成球，下油锅，慢火轻炸，出锅淋上花椒盐，外酥脆内鲜嫩，芳香染唇齿。韩愈讲"沈浸醲郁，含英咀华"是不是这个意思？

此一趟真是意外之喜，浮生半日，赴了一场花间约。

杨柳是春风的杨柳

阳春三月，去昆山，会朋友。

喜欢那里的饭菜。

乌稔饭团。一种青色的糯米团子。乌稔是东南亚一种树叶，染糯米为青色，味清香。说阴历三月二日，是畲族特有的传统乌饭节。这一天畲族男女老幼起早上山摘乌稔树叶和乌稔果，煮水，把糯米泡在黑色的汤水里染色，捞起，放木甑里蒸熟。饭色蓝绿乌黑，油光香软。

"春未老，风细柳斜斜。试上超然台上看，半壕春水一城花，烟雨暗千家"，讲的是秦淮风光。以前老秦淮，河上有早船，船上卖乌饭，木梆"梆梆"地敲，两岸人家把钱放竹篮，用绳系下去，船上人接钱，荷叶包乌饭放进竹篮，人家将篮子再一点点吊上来。

乌饭，就是江南水上人家趁春未老时吃的饭啊。

又有青团子。麦草取汁，染糯米，揉进豆沙、五仁的馅子，团圆蒸熟，亦软糯清香。江南清明寒食常食。《淮南子》云："春分后十五日，斗指乙，则清明风至。"按《岁时百问》的说法："万物生长此时，皆清洁而明净。故谓之清明。"这样一个美好的季节，"问西楼禁烟何处好？绿野晴天道。马穿杨柳嘶，人倚秋千笑，探莺花总教春醉倒"，吃青团子，舌尖上吐出去一股清软的味，好像吃一首团团圆圆的小诗。

朋友带我拜访居住在老街里巷的一个老先生。窄窄的巷，灰瓦白的墙。出门即河，河两旁香樟树，红红的新叶生发，老叶安身不牢，一阵风起，木叶哗哗落。中午就在临河一家土菜馆吃饭：老豆腐既韧又嫩，鱼肉蒸蛋鲜咸香滑爽，清炒嫩青蚕豆，一股清新的豆香。还有韭菜炒螺蛳，红烧昂刺鱼。

　　昂刺鱼，书面语叫黄颡鱼，古人称其黄颊，元诗"一溪春水泛黄颊"就是讲它。汪曾祺老先生也喜欢这水乡美味，称之昂嗤鱼，在他的《虎头鲨、昂嗤鱼、砗螯、螺蛳、蚬子》里，他写："昂嗤鱼其实是很好吃的。昂嗤鱼通常也是余汤。虎头鲨是醋汤，昂嗤鱼不加醋，汤白如牛乳，是所谓'奶汤'。昂嗤鱼也极细嫩，鳃边的两块蒜瓣肉有大拇指大，堪称至味。"

　　这老先生会吃。这鱼也确实好吃，十几元钱一斤的昂刺鱼烧出来，都比北地近百元一斤的鲈鱼烧出来鲜嫩，味美。

　　还有一盘炒米线。你一定想不到是什么东西，不是白白的米线，是青菜。青嫩幼细，加蒜瓣炒出来，口感柔软缠绵。朋友说这是绿色的米线，还有一种红的，炒出来菜汁都红。我明白了，就是嫩苋菜。

　　一道道皆是江南人家老土菜，一丝丝浸润足了水乡风味。此次去拜访的当地名宿，也朴实，拿国务院津贴，出了二十几本书，拙于言而敏于行。他的小院小格木窗，绿藤掩映，院里有小小的水井，水井旁有小小的木桶，墙角青苔阴阴。

　　又由昆山去无锡拜访一位僧人朋友，中午即在寺院用饭：清炒水芹菜，炒青莴笋片，红烧豆腐，蘑菇汤，白米饭。最爱水芹菜的柔软，清香。吃罢饭，寺院有一个小小的后园，曲径通幽，林木葱茏，茶花开败了，落一地残红。去走了走，风很凉，远远传来檐前铁马"叮当"的响。

　　回女友家，又吃到一味凉拌茼蒿。茼蒿我们亦是常吃，却是要炒，这里是糖醋凉拌，爽脆鲜甜。还有清水煮嫩豆苗，又一盆清水煮河虾，滋味鲜甜淡爽。

你看，就是这样。嫩蚕豆江南才有的吃，鱼虾也是江南原味新鲜捕捞的最好吃，乌饭团、青团子亦是江南春季爱物，炒米线、豌豆苗……哪一样都自带江南风情，好比杨柳趁春风。

我真是爱死了这里的河流，这里的花，这里的香樟和杨柳，这里干干净净的风。北地尚落雨落雪，柳芽不过爆了米粒大，春风还没来得及刮，一场冻雨一下，青惨惨的无颜色。而这些鱼啊、树啊、花啊，都该当活在它们命里的风清日暖下。就好比人，总归要在对的时间、对的地点、对的场合，遇上对的人，才算幸运。

而一道道清甜淡爽、软糯柔情的食物，要想吃到，也一定要来江南。江南好比春风，它们好比杨柳。杨柳是春风的杨柳。

第四辑
十万春花

表扬春光

　　上午和朋友结伴去一个老先生家，六十多岁了，姓康，我们的老文友，家在三十华里的城外。路边杨树都冒须儿了，一嘟噜一嘟噜地垂挂着，毛洒洒的。柳丝也软软的，路边还居然看见一树杏花，全开了！

　　七弯八拐，终于到了。没想到村里的房子这么高，院子这么大，堆着去年秋天打下来的玉米，金灿灿的，要都是金豆子那就好了。还开着几畦菜地，扒得平平整整，估计菜籽正在土里伸懒腰呢。院子里还有两株树，一株是桃树，另一株还是桃树。

　　七八个人一拥而入，或坐或站，在阳台上说话，一点也不觉得闹。乡村的空气把声音都吸走了。饭桌就摆在当院，酒菜上桌，纯粹的乡野风味。拌木耳，炒蘑菇，正宗的马家卤鸡，绿芹拌葫芦……一边吃我一边撕一块鸡肉喂猫，那只猫咪皮毛花纹是黄的，正宗的黄花狸猫，跟我家的猫异曲同工，就是型号略小。心疼它小牙弱，我还嚼了一嘴的缸炉烧饼喂它，它尝了一点，不美味，掉头走了。惯得你。

　　刚去的时候没发现猪圈，后来发现猪圈了，没发现还有一头猪。后来一个朋友如了趟厕，回来把嘴都笑歪了——那猪可不是一头，是一窝，而且小猪的毛色是黄的，"跟这只猫似的。"他说。我纳闷："跟它一样？黄花狸猪？"院子里一下炸了锅，个个捂着肚子笑得叫唤哟。他急眼了，说你们去看看呀!

　　我跑去看,果然,那毛色黄的!我扑哧一下又乐了。毛色最黄的一头小猪仔居然跳下干燥温暖的猪窝,跑到猪圈去体验生活,结果上不来了。它一个百米冲刺,上了两个台阶,鼻子使劲拱着给劲,还是往下出溜,急得吱哇乱叫。它娘本来被另几头小猪围在中间躺卧着,一听叫唤,"噌"一下就起来了,低头一看这孩子怎么下去了,也哼哼着叫。我说你下去,用你那大长嘴一拱,你儿子不就上来了?它听不懂。我看小猪急得可怜,跑去告诉康老先生,他抄起一把长柄网兜过去,轻轻一兜,就把小崽子兜上去了,然后冲我们解释:这是瘦型猪,可值钱呢。

　　老康这个人不简单,这么多年笔耕不辍,现在连操作电脑都会了,我们就是在网络上认识的。认识了才知道,他的二女儿是我十几年前的学生。一辈子当农民,却是一辈子有追求,我真是服了。什么样的人才是最值得尊敬的?像这样样式朴实,心地干净,守着阳光、果树、田地过一辈子,然后在心里开出花来的人,总比那些开奔驰、下饭店、穿名牌,被一肚皮酒色财气沤烂的家伙们更有趣些吧。

　　要走了,老康、康嫂、他们的大女儿和六岁的外孙女一起送到门外。感觉我们是从一个梦里走出来的。回头看,村里的远树上居然有一只只斑鸠在叫。斑鸠原来是这样的呀,长尾巴向上撅着,和身体形成角度,一只只落在枝子上,好像一个一个的对勾,表扬着春光。

陪麦子一起生长

去年冬天，我住在农村，每天白天都围着围巾、穿着大棉袄去村外麦田小路绕一圈，下午再绕一圈。一路上寒风呼啸，阒静无人，麦苗黄瘪瘪粘在土里。

就这么一路走到春天，麦田一天天绿起来，刚开始像雏鸡雏鸭的小黄嘴，渐渐丰茸厚密，颜色鲜嫩刮辣的绿，阳光照进叶子，能看见它流动的绿血。

又一路走到它抽葶，结穗，穗头一天天变得多汁水，麦芒像粗硬的枪一样挺起来，你若下手去捋麦穗，每一根芒都带着锯齿，割痛你。麦仁躲在麦芒的枪丛里睡大觉，一边睡一边胖。

麦穗也一天天黄。昨晚出门，夜色朦胧下，广大的麦田竟然笼罩着一层薄薄的淡紫色，不晓得什么缘故，看上去那么贵气，不像是土地庄田，倒像是什么仙境里的什么植物在结什么样的珠玉。

大约从前天开始，走在麦田夹裹的小道上，就能闻得见麦香了——白面的诚朴重浊的香气，又隐微，又厚实。

往常的这时候，我家里就要磨刀石蘸水，把镰刀一柄一柄地"嚓嚓"地磨，磨得雪亮，手指试刃，且得小心，吹毛断发，极易见血。磨镰刀是我爹的事，我娘准备往地里带的凉茶水——粗茶叶梗子泡浓茶，放白糖，放凉。炎天夏日灌半肚皮，清热又解渴。时候一到，一人肩上垫一块旧毛巾，顶一顶朽黑的破草帽，拿一柄弯柄镰刀，割麦去。

一张叫作《麦客》的照片上，一个男人肌肉虬张，挥舞一把巨大的镰刀，把一大捆麦子搂进怀里，仿佛透过照片，能听见"嚓嚓"的声音，像蚕争着抢着嚼吃桑叶，像天边远远地涌过来海水，像中世纪的武士沉默着争战，用武器收割生命。如今每个地块里都涌动着割麦的人，每个人都嚓嚓嚓、嚓嚓嚓，麦子一片片倒地，成捆，再竖起。一捆捆的麦运到田头，装上大车，进麦场，打麦去。

那种老式的打麦机，铁皮包裹着身子，长着两张嘴，一头进麦个子，一头喷麦秸、出麦粒。铁皮肚里是好些铁条焊起来的滚筒，在里面把麦个子轰隆隆地打碎，麦秸扔出去，麦粒用麻袋装起来。往铁嘴里入麦子的那个人啊，头发、眉毛上粘着碎屑，嘴鼻里全是土，浑身沾满了麦芒，像个刺猬。

所有人都顾不上说话，割麦、打麦、晒麦、收麦，在打仗哪！

什么叫国计民生？那么大的一个词，就在这一粒一粒金黄的麦粒里，在噼里啪啦往下砸的汗珠子里，在虬结贲张的肌肉里，在黑眉乌嘴的脸上和一笑起来洁白晃眼的牙齿里。

如今麦子直接收割脱粒，当年我爹一辈受过的苦、挨过的累，人们可以不用再受。走在沃野平畴包夹的小道上，阳光下的麦田闪耀着明亮的金光。

村庄的墙边种有曼朵花，那样粉白艳红，大如酒杯，像绉纸做的一样，开在青灰的墙下，像田园里的一首小诗；开在废弃的窗棂下，像一阙被人遗忘的词；高低错落地开在白墙边，像谱出来的一首无字歌，你可以试着唱一唱。

我陪着麦子一起生长，我看着曼朵突然开花。

世界就这么一点点成熟和好看起来了。

新茶夕照两醉人

希望有个小家，在乡下。

有水，有湾，有船，有田。

我的家不一定要精致，但一定要舒适，一方小院，一半种花，一半种菜。屋前有垂柳，屋后有池塘，柳树上趴着鸣蝉，屋后的池塘里漂一群大白鹅，水里还养着一些鱼虾和菱角，想吃的时候捞一点。

春天我就吃空心菜，采来嫩苗，薄油清炒，柔软的叶尖在舌尖上舞蹈。待到长成便吃嫩管，掐段入锅，佐以小红辣椒爆炒，滋味清鲜；若再加瘦肉丝，少了清鲜，却多了敦厚的家常味道，是七仙女嫁给董永之后的感觉。吃面更宜吃空心菜，嫩白的面条嫩绿的叶，像无限新鲜的时间和分外鲜明的季节。

夏天不可说也不可说，浅水湾上有鸟，远处渔船里有人唱歌，兴致上来，垂竿而钓，河鲜上桌，红酒黄酒浅浅地酌。

秋天我要吃炖土鸡。那种吃虫儿长大的农家土鸡，切成块扔进一只寻常的黑瓦罐里，擂进生姜和干红辣椒，投进去的花椒用干净纱布包起来，大家一起在菌菇熬的浓汤汁里载浮载沉，红泥小火炉上细细地煨。小炉摆在小院，一本书，一把扇。待到鸡汤的精华像金箔片一样贴在汤面，再将山野菜拌两样，只可夫妻小酌，不能宾朋饮宴，我的家原来就不是高楼朱户通青天。

冬天菜少，可以用青菜和萝卜做"颠倒颠"。何者谓也？青菜炒萝卜算道菜，萝卜炖青菜算道菜，菜梗切丝儿凉拌萝卜丝儿，又是一道菜，再加一道菜叶萝卜汤，怎么样？是不是很丰盛？若是嘴馋，又可吃全羊宴。萝卜炖羊肉做一道，炸芝麻羊肉丝又算一道，这个菜味道好，无筋瘦肉细切成丝，酱油料酒入味然后炸熟，拌上红辣椒丝，佐以糖醋盐酒葱姜丝，起锅时撒上熟芝麻一拌，干香辣烫。亦可将羊肉洗净、剁块、沸余，然后下锅煮熟焖透，捞出盛盘，汤汁冻膏切片，淋上酱料，即成冻羊膏。另有一锅当归党参煨就的羊肉汤，天上神仙也闻着香。

你看，原本有些出尘之想，想着想着却弯回了烟火人间。我本就是俗人，爱的是那山果累累，肥蟹满江，和丰收的米粮；爱的是冬天的大雪，围炉小坐的家人，一锅热饭煮得发出声音，汤汤水水扑扑通通；爱的是春雨洒，芦芽探，笋冒尖，日衔山，煮一壶林间山泉，一杯新茶夕照晚。

一个老伴，一方小院，两溜鸡鸭，半幅斜阳，我家门前有弯弯曲曲的土路，四周是低低的小房，一座座灰瓦白墙，庭院里晾着衣裳……这就是我的生活理想。

此处钱不多，此处楼不高，此处的我享受生活，而不是被生活撵着跑，只做想做的事，在想笑的时候才笑。

新茶夕照两醉人啊。

十万春花

今年一直未曾游春，只晓得别院苹果花开了，来的一路上又有碧桃花开，却是昨夜做梦应到今，梦里一树树的花开碎纷纷，一番春花十万的好光景。

下车脚未站稳，锣鼓咚咚，门前一片空地上围着一圈人，正在跑竹马。

东汉五言《小儿诗》中有"嫩竹乘为马，新蒲折做鞭"，唐代李白又有"郎骑竹马来，绕床弄青梅"，大概跑竹马本来就是小孩子的玩意儿。不过从我记事起，看到的都是乡村庙会上大人们盘旋舞弄。

场上三对竹马，看那行头，黑眉乌嘴分明是竹驴。扮驴的人腰上挎驴似船，前是驴头，后是驴尾，衣裳鲜绿，头上戴着头花，坠子滴里搭拉，披明黄披风。我看她们的衣裳和披衣都像窗帘布做的，就是农村市集里面摆着地摊，东堆一团西堆一团，尼龙质地，起丝带毛，村气冲天。

赶驴人（我固执地以为是驴非马），女扮男装，白衫黑裤，方口布鞋，头缠包头巾，做就的陕中老汉样，身壮人胖，左手烟袋，右手驴杆，驴不听话，当街干架，他们（她们）这阵拉架！虚招子拽缰绳，这边拽也拽不开，那边拽也拽不开，急了各自上脚踹，那驴仰头长嘶，低头服软，被拉上各走两边，又开始"喊咚呛喊咚呛"，绕"之"字走起台步来了！

然后走着没两步，三头驴各自在旁边蹲着歇息（这通跑，个个累得呼哧带喘），那三个驴夫不知道为啥可是扑腾扑腾"打"起来了，你给我一拳，我给你一脚，虚拳虚脚也打得好不热闹！围观的人笑得前仰后合，我也不禁喷笑。这些农村大嫂真搞。

然后，不知道接到什么暗号，场下两位老婆婆，也是戴头花，一个桃红打扮，一个艳绿打扮，腰系黑丝绒绣花小围腰，俏皮得很！各背一根颤颤悠悠长扁担，扁担两头有竹篮，篮里放着两枝花，就是农村家里面插瓶用的那种塑料花，有年头了，褪色发僵，各自上场。一个腿脚蛮灵的，脑瓜也好，在驴群中穿花也似来去，好似一朵老蝴蝶；另一个差一点，时常与那驴和驴夫撞在一块儿，鼓点紧了撞得也勤快，原来她们都是听从鼓点指挥的。那敲鼓的人一身烟色粗制西装，短发瘦高个儿，分明也是个女人，前腿弓后腿蹬，膀子抡开了敲鼓点，咚咚咚嗒嗒嗒，嗒嗒咚咚，嗒！嗒！嗒！那其中一朵绿蝴蝶（腿脚不灵的那个）下了场，拿着一对小镲在那儿配合着敲，好热闹！

此一次是应一个乡村之邀，参加一个叫作"弘扬精神文明，传承中国经典"的活动，这是下车伊始，敬奉客人的一盘红鲜绿翠的大"菠菜"。

鼓点停息的间隙，身边一个不认识的人悄悄地撇嘴说："这叫什么精神文明？"

你看这清一色的中老年娘子军，要武不能武，要文不能文，作不得诗词读不得西厢，看似玩一些俗不可耐的玩意儿，要说精神文明，好像确乎算不上。可是它比搓麻将精不精神？比凑一块儿东家长西家短说是道非唾沫星子乱溅然后惹祸上身揪头发打架满地乱滚文不文明？说这不是精神文明，打死你我都不信。

想起评剧老戏《花为媒》，这群人好比《花为媒》里那一对经典的女主和女配，她们当然没资格当张五可，却蛮有赵丽蓉扮的阮妈妈的风韵，胳膊一乍腿一抬，烟袋锅子滴溜溜一甩，开唱："三月里开花，十四五六，六，六，六，春打六九头……"张五可一张粉面是花开十万，谁说那阮妈妈一张老脸不是花开十万。

滴　漏

　　滴漏，一下子让人想起残漏将尽，芭蕉夜雨，一夜夜，一声声，空阶滴到明。其实它只不过是遥远年代计算时间的一种工具罢了——名字还是我起的。

　　从小到大，见过的钟表可太多了，座钟、挂钟、机械表、电子表、塑料卡通表，一直发展到现在的不戴表。还戴什么表呢？最初戴表亮身份，腕上撑一块明晃晃的手表，一看就家境殷实，媳妇都好娶些；后来戴表读时间，尤其当老师，一分一秒马虎不得，讲到哪里算一站，都得要掐表。如今时间随处可见，墙面有钟，手机有表，电脑随时都在计秒。

　　四十年前的人们也不戴表，没有表。张贤亮的《绿化树》里那个老农场，每逢有人上场部去，队长就叮嘱："把日子捎来啊！"要不年来了都不知道！老辈人传下来的法则就是日出而作，日落而息，太阳和月亮就是钟表。这样大而化之的活法造成的后果就是日子一不小心就丢了。

　　我娘那一代人，出工上地，真是把日头当钟表，一竿子高，两竿子高，懒汉睡到三竿子高！有一次我娘睡醒，一看外面明晃晃的，天亮了，急急忙忙穿衣起炕，生火做饭，饭做得，一村子还鸦雀无声，头顶上脸盆大的白月亮。躺下又睡，睡一大觉再起来，外面还明晃晃，到底不踏实，又起来纳鞋底子，煤油灯底下把麻线拽得"哧哧"响。半个鞋底子纳完，还不见动静，困倦上来，再躺下睡。第三次醒过来，才听见起床声，做饭声，骂孩子声，鸡鸣狗吠声，整个村子这才活了。

有一种活路是懵懂不得的。生产队组织婆娘们打草苦，山一样高的稻草垛旁边一行行一溜溜，全是钉的橛，几根麻绳作经，一个人守一份"责任田"，抓几根稻草横着一放，用绳一勒，一勒，又一勒，再抓几根稻草横着一放，再一勒一勒又一勒。老得低着头，拱着腰，时间长了头昏脑涨，吃不消，所以要一天三班倒。到点上班，到点下班，可是"点"在哪里呢？别说一个生产队，放眼全村，也找不出一块表来！

汪曾祺的小说里写到一个人制作日晷，墙上抹一块白灰，画一个圆，分好刻度，看阳光照在哪里，就是几点。这个玩意皇宫里就有，宫女太监也该班，总得有个计算时间的方法。老百姓哪知道这个。小队会计是个聪明人，找来两个瓶子，一个瓶子里注上水，在橡皮塞子上插一根细管子，往另一个瓶子里滴水，控制好流速，一滴滴滴进瓶里，半瓶水滴完，半晌就过去了，就出去敲钟："换班喽！"于是一班捶捶酸胀的腰，起身离开，另一班接上去，两个瓶子这时候也倒换过来了，又开始这样缓慢地一滴，一滴，又一滴。

我娘一边指手画脚地叙述，一边说："这叫水表。"我心里一下子想起一个词：滴漏。古代是有这种东西的，有的叫碑漏，有的叫称漏，有的叫莲花漏，最常见是沙漏。"沙漏，也称水漏或漏壶，是一种古代的计时器具，用金属制成，分播水壶、受水壶两部分。播水壶分二至四层，均有小孔，可以滴水，最后流入受水壶，受水壶里有刻度，用以表示时间。也可以用沙。"你看，就是这种东西，把时间分成了一粒一粒的沙，一滴一滴的水，点点滴滴里，不知道有多少东西永远流失，百唤不回。

流走了那个暗黄的年月和菜色的面皮，流走了昔日的光荣和梦想，迷惘与彷徨，流走了青春岁月自以为刻骨铭心的爱情，流走了红樱桃和绿芭蕉，白鹦哥与紫琉璃。一滴一滴，岁月就是一个大大的滴漏，从一个人出生，滴到一个人赴死，转眼一生化作一滴水，啪嗒，滴进岁月里，不见了影子。

苹果的欲望

　　1806 年春天的一个下午，一条奇怪的，由一对挖空的原木捆扎成的粗糙双体筏，顺着俄亥俄河懒洋洋地顺流漂下。一个船斗里躺着一个三十来岁的、皮包骨头的瘦小男人；另一个船斗里，苹果种子堆积如山，为了躲避烈日，都被很小心包裹上了泥土和苔藓。

　　这个在独木舟中打盹的家伙，就是俄亥俄鼎鼎大名的"苹果佬"约翰·查普曼。

　　可以毫不夸张地说，查普曼用这条小船，往荒野僻壤载去了整整好几座果园。他把造酒的礼物带到边疆。另外，还有一个很重要的原因，那就是荒凉的美国西部边疆正待开发，一棵正常的苹果树需要十来年的时间才能结果，一座果园就是持续定居下来的标志，因此，西北边疆的土地使用许可特别要求：居者要"种植至少 50 棵苹果树"。而且，两百年前，人们要想得到有关"甘甜"的体验，只能靠果肉来提供。这就是苹果提供给查普曼时代的美国人的东西。

　　就这样，查普曼卖出了他的 30 万株没有嫁接过的种子长成的苹果，在整个美国的中西部开创了苹果的黄金时代。

　　这是迈克尔·波伦在《植物的欲望》一书中，所描画的苹果扩张的全过程。

在这里，我们看到的是一个植物与人互相利用对方的神话，每一方都在利用对方做自身做不了的事情。查普曼到最后是作为一个流浪着的富翁去世的；美洲得到了查普曼带去的苹果，就此把荒野永久性地变成了家园；而苹果，苹果得到了什么呢？它得到了一个黄金期：有数不清的新品种，半个地球成了它的新的生长地。

在这场配合默契的舞蹈中，苹果非常主动热情地参与到了自己的驯化过程当中。它非常急切地想和人类做交易，来扩大自己的地盘。它们诱惑，它们哄骗，它们奉献甘甜，它们一步步引导人类，去实现自己的欲望。

你看，植物就是这么聪明——远比人类聪明。小麦和玉米煽动人类砍倒大片森林，以便为种植它们腾出空地，这就是我们的农业。与其说我们驯化了小麦和玉米，不如说，这些草木植物利用人类打败了大森林。原来，这个世界除了可以说成"我们"的世界，也可以说成是蚂蚁的世界，杨树的世界，月季花的世界，马铃薯的世界，苹果的世界……

大概，这就是庄子所说的："天地有大美而不言。"

那么，如果再想得远一些，正在全面围剿我们生活的，看似冷冰冰的，没有生命的计算机，有没有在驯化我们？世界上还有什么东西有如此巨大的吸引力，能够让我们通宵达旦地面对一张冷冰冰的机器脸？它们正在利用我们的欲望控制我们，引诱我们把它们变得越来越智能。电影《未来战士》已经表达出这种喧宾夺主的忧虑，《机械公敌》更是描画出未来"机器之王"控制人类的恐怖前景。

就是这样。苹果的欲望，树木的欲望，飞鸟的欲望，一只猫的欲望，人类的欲望，整个世界就这样在欲望交锋中此消彼长，所有的种子都想发芽，所有的萌芽都想长大，所有的客体都想变成主体，如史铁生所说，亿万种欲望拥挤摩擦，相互冲突又相互吸引，纵横交错成为人间。总有一些在默默运转，总有一些在高声叫喊，总有一些黯然失色随波逐流，总有一些光芒万丈彪炳风流，总有弱中弱，总有王中王……假如我们不能彼此和谐，就只有互相灭亡。

一两银子的红楼梦

要想知道一两银子在《红楼梦》里有多大价值，首先得知道那时候的一两银子大约折合现在多少人民币。《红楼梦》故事虽以清朝为原型，生活状况却以明朝为蓝本，所以姑且以明朝的银两价值计算。具体数目或有出入，无法确切考证，不过是给现在要探讨的"一两银子在《红楼梦》有多大价值"这个话题提供一个参照物罢了。

《明史》里提到，七品知县一年的正当俸禄——也就是工资，只有45两白银，也就是月薪3.75两银子。明朝万历年间，一两银子可以买大米二石，一石约94.4公斤，也就是说，一两银子可以买377.6斤大米。现在我国一般家庭吃的大米在一斤1.5元至2元之间，以中间价1.75元计算，可以算出明朝一两银子约等于人民币660.8元。那么知县的月薪就是2478元。如果不贪不酷，清正廉明，这点钱养家是可以的——养情人就不行了。

《红楼梦》里，贾府这个"白玉为堂金作马"的名门望族是在银钱堆里打滚的，银子这种东西是太不稀奇了。

贾母要给宝钗过生日，自己拿出二十两银子，被凤姐半奉承半戏谑："巴巴的找出这霉烂的二十两银子来做东道。""霉烂的"二十两银子是多少？就是现在的13216元人民币。可是它不过是用来打发"打秋风"的刘姥姥的小钱，或者一顿螃蟹宴的花费。

贾母、邢王二夫人每个月的月例就是二十两银子。王熙凤每个月虽只有三五两（第三十五回，凤姐说李纨："你一个月十两银子的月钱，比我们多两倍银子"），按她当家辛苦的情分来说，这点钱不算多。可是她又不傻，堤里损失堤外补，受贿、贪污，利用当家之便放高利贷，"单她这梯己利钱，一年不到，上千的银子"。也就是说，她一年的利钱，就是66万人民币。这样一来，她就是个十足十的富家翁了。

除了家下人等沾光分惠，就连八竿子打不着的刘姥姥都因为两进荣国府，把自家的光景打了一个漂亮的翻身仗。

第一次秋风不必说，第二次形势壮观，秋风打到最高层，太太赏了一百两，凤姐赏了八两，加上绸缎衣服吃食，和宝二爷从妙玉手里抢救下来的那只成窑五彩小盖钟，算下来至少8万人民币。耕牛也能养几头，良田也可置几亩，从此以后，告贫别苦，过自己热气腾腾的小日子。

对于下层人物，为奴为仆的来说，一两银子还是当一两银子使。老太太和太太的几个心腹大丫头，比如袭人、鸳鸯、金钏、玉钏、彩霞等，每个月的月例是一两银子，她们每个月的工资是660.8元。看似不多，可是这些钱是净落儿。吃喝穿戴、冬穿皮袄夏穿纱，看病吃药都能使得上太医，一切费用都是官中的。晴雯、紫鹃、侍书、司棋等几个伺候小姐的大丫头月钱是一吊。那时的一吊钱想来比一两银子略低些。至于一般的小丫头子，月钱只有500钱了。但是吃穿用度仍都是官中的，无非就是多挨几句大丫头的骂，对一般的寒门小户，低级奴字辈的人来说，只要红楼不倒，生活总还是过得去的。

奢华如此，荣耀如此，尊贵如此，但也不是说就没有人知道柴米油盐贵。新生代的姑娘们都不是吃素的，黛玉说现在若不俭省，"将来必致后手不接"；宝钗和探春合计着在大观园里搞改革，想办法增收减支。可是没有用。就像一座山，它要倒，单凭几个弱女子想撑住是不可能的。

这里要单另提一下宝钗，不为别的，只为她的油盐炒枸杞芽。她和探春商议着要吃这个，打发人给柳家特地拿去五百钱，值人民币起码两三百块。柳家的说姑娘就是大肚子弥勒佛，也吃不了这么些。"这三二十钱的事，还预备得起"。宝钗说你管着厨房，难保别人不来叨登。这些就当还的他们素日叨登东西的窝。说实话，宝钗是个好当家媳妇，温上怜下，懂事厚道，怪不得贾母会一力把她娶成宝二奶奶。

　　不算不知道，一算吓一跳。这下子才知道什么叫"钟鸣鼎食之家，富贵簪缨之族"。照这个标准算下来，一般的农村家户，春种青，夏收黄，骄阳似火汗水汤汤，一年也不过挣上白银十来两；我是大学毕业，每个月就靠二两银子养家糊口，生儿育女，孝敬父母。好在二两银子也不少，一两银子能买几十斤肉，或者三百多斤大米呢。就这么布衣蔬食，日常茶饭，平安散淡的烟火光景，也着实过得。不用问一两银子的日子怎么过，就这么过。

停半晌，整花钿

"袅晴丝吹来闲庭院，摇漾春如线。停半晌整花钿，没揣菱花偷人半面，迤逗的彩云偏。我步香闺怎便把全身现。"

杜丽娘的时代估计是没有大穿衣镜，小菱花镜又太缩微景观，梳妆打扮好了想看看全身效果都成问题。她一定是在闺房里左扭扭，右扭扭，前走后转，翘着兰花指摸摸头上钗钏，想方设法要看个全。我能大致想象出来她梳妆打扮的模样：丫鬟伺候着，照镜、梳妆、敷粉、施朱、涂唇、簪花戴朵，左换一件衣裳，右换一件衣裳……

可怜她这全套功夫做下来，估计外面那摇漾春如线的闲庭院，已经从春早变成日中了。再扶着丫鬟，一步步下庭阶，一寸寸量地皮，闲庭院等不及，从日中又老成春晚。

真慢。

那时候的人都那么慢。

慢到不计算成本，一味地"停半晌，整花钿"。

反正也是整天闲着无事干，反正一天一地的姹紫嫣红开遍，也不过付与这荒寂无人的败垣残院。

想起一首歌来，二三十年前的流行歌曲，如今像年代久远的书页，老旧到好像一折就碎掉，不折也忘掉。可是，一想起它，竟然惊觉光阴滔滔：

"阿门阿前一棵葡萄树，阿嫩阿嫩绿地刚发芽。蜗牛背着那重重的壳呀，一步一步地往上爬。阿树阿上两只黄鹂鸟，阿嘻阿嘻哈哈在笑它：葡萄成熟还早得很哪，现在上来干什么？阿黄阿黄鹂儿不要笑，等我爬上它就成熟了……"

那时候笑得厉害，笑那只蜗牛，太傻了。现在才发现它不傻，是我傻。它知道它到了，葡萄也就熟了，一切都是水到渠成，慢也是好的。我不如它，我很焦躁。凡是很慢的事，都没有心情去干了。比如"独坐幽篁里，弹琴复长啸"，比如"花间一壶酒，独酌无相亲"，比如"披阅十载，增删五次"地写小说。哪怕是那种格外舒服的慢，蚕丝一样，匹练一样，轻、薄、软、暖地裹在身上，也不能时间长，否则就会烦。就会想人生苦短，又浪费了一天。哪怕明明有时间，也做不到在冬天的日阳儿底下披着棉被晒暖暖，或者倒骑牛背吹笛子看杨柳桃花，时间有闲，心中无闲。

无闲的人都可怜，因为无梦。

杜丽娘是有梦的。她的梦里有个柳梦梅。"是哪处曾相见，相看俨然，早难道好处相逢无一言。"这样的邂逅是那个时代的非常标致的爱情，和那个时代的非常标致的光阴一样，寂寞、婉转、慢，却一样是鹤顶红一样的毒和艳。盛世红颜，良时燕婉，转眼间芳华尽，红颜老。淡淡情缘，深重忧恼。

其实我不是不能闲，而是不敢闲。闲下来无人入梦，多么凄惨？一样的琐碎凉薄，一样的柴米油盐，一样的道貌岸然下，和我一样的小人嘴脸。左看右看，拔剑拄杖心茫然。

于是就读小说，网络小说，专挑那些不入流的，不上提的，这辈子也不可能上什么排行榜的，什么国计民生也不承载的，却又写得确实相当不错的，爱得苍茫、隐微、疼痛、尖锐的，小说。一边读一边堕落得泪流满面，然后自我鄙视：胆小鬼，只会在别人的故事里流自己的眼泪。

原来"停半晌，整花钿"，这样缓慢而执着的姿势，不过是渴望一场刻在骨头上的爱情；我把停半晌整花钿的时间都用在了读爱情和非爱情的小说上，读爱情小说是怀念和向往，读非爱情小说是遗忘和转移视线。原来无论快慢，每个时代都有每个时代的寂寞——和爱情相关。

卧听荒村风吹雨

枯草，枯树，枯藤，荒山，荒石，荒村。

村里有人，有鸡，有狗。一个老头子，拎着两三个柴鸡蛋，亦步亦趋跟在一个蹒跚学步的小娃娃后边，胳膊像老母鸡一样乍开；两个人在推磨，青石板的大圆磨盘，曲里拐弯的木头磨杠，一前一后，推得咕隆咕隆响。磨上是黄黄的小米面，看得人眼馋。煮出粥来，热气腾腾，就一盘切成细丝的小咸菜，再用碧绿的香葱，炒一盘鲜黄嫩白的柴鸡蛋……远远传来一声鸡叫，同行的人猜是公鸡打鸣，我不以为然，哪有公鸡这样叫的："咯咯——答！咯——咯——答！"分明是母鸡下蛋。

奇怪的是，小村里鸡叫狗不咬，偶尔一只大黑狗从身旁经过，特意停下来对我们看看，眼神很柔和，没有凶光，像个心地纯良的老汉。哪像城里，贼盗蜂起，哪一条狗不是被驯养得青面獠牙的瘟神样？假如有可能，恨不得弄一条藏獒给看大门。

村里的建筑很奇怪，干打垒的房子，统统是大石块砌成，不勾泥，不溜缝。这里，那里，动不动就是一块碑，碑上动不动就是万历年间或者年代更远。村口一座更奇怪的东西，叫个清凉阁，的确像个阁的模样，但却很粗糙，很庞大，大石小石堆叠而成。

大约四百年前，一个大力士发下宏愿，要在有生之年，采集大小石块，在村口建成一个标志性的建筑——就是这清凉阁。这个人白天是个生意人，到处奔忙，晚上回到家里开始赶工，花了十六年的时间，终于建成了两层。所用石块小者如拳，大者重逾万斤，没有人知道他是怎样把它们一层层堆叠而上。不幸的是在挂第二层清凉阁东门的风动碑的时候，不慎戳破手指，得了破伤风，壮志未酬身先死，长使英雄泪满襟。

这位壮士叫于喜春。

这里的山荒，树荒，人也荒，所过之处，十家倒有八家锁了门，门桩生锈，家人远徙。随手推开一家院门，典型的小小四合院，东西南北皆有房屋，正房里外两间，简陋干净，平平展展的花布炕单，七十八岁的老奶奶是唯一的女主人。绝对不会骂我们，无论我们用普通话怎么说，她都只是眯眯地笑，一边"嗯，嗯"——原来她连普通话也听不懂。儿女远扬，剩下她孤身一人，火炉上坐锅，锅里煮着银丝挂面，案板上有刀，散堆着红椒青蒜。

正月刚出，年味不远，家家门上还贴有大红春联，城里对联沾染了太多的欲望，比如升官，比如发财，生意兴隆通四海，财源茂盛达三江。这里的对联却很雅正，清新，形制也新鲜。家家是木门，家家都有一个小小的深门洞，木门凹在里边，门楣上倒贴两个福字，两个门扇上各有一条对联，组成一对，两边门框上又各有一条对联，又组成一对，一个小小的门上，就这样贴满了热闹和喜庆，但这种喜庆是静的。门上一联："芳草春回依旧绿，梅花时到自然红。"横批："春色宜人。"门框一联："月明松下房栊静；日照云中鸡犬喧。"听听，这是春暖花开，日落月升的声音，这是松风梅绽，鸡鸣犬吠的声音。这样的声音没有升官发财的欲望，没有人为的热闹喧腾，生活在这样的世界里，哪里还有宁静不下来的心灵。

小院里有石磨，石磨旁有辘轳，辘轳上有绳，绳上有桶，桶下有井，井里有水，清可鉴影。屋里有旧时人穿的三寸金莲，红紫金线，刺绣玲珑。一直不知道金莲三寸是什么样子，只知道很小很小，却原来是这样尖尖巧巧，足尖似针，可怜那样的时代，可怜那个时代里可怜的女人。屋里居然还有三十年前我的祖辈父母一直在用，现在已经难觅影踪的提梁壶，和我奶奶坐在院里纺线的纺车。一霎时有些眼花，仿佛看见一个头发花白的老人，盘腿坐在蒲团上，一手摇转车轮，一条胳膊伸得长长的，抻出一条细细白白的棉线，嗡……嗡……

　　一时间有些眩晕，不知道身处何地，我是何人。明知道这是井陉县的于家石头村，传说明代于谦避难藏身于此，后人一直繁衍至今。此地有石屋千间，石街千米，石井千眼，全村六街七巷十八胡同，纵横交错，结解屈伸，每条街道均以乱石铺成。石头瓦房，石头窑洞，石头平房，依高就低，顺势而建，邻里相接，唇齿相依，呼应顾盼。点缀其间的有深宅大院，古庙楼阁，遍布全村的有花草树木，春绿夏艳。这些我都不管，只希望有一天，心愿了却，再无遗憾，到这样一个安安静静的小村庄，赁一处清清净净的四合院，敲冰烹茗，扫雪待客，无人时吟啸由我，心静处僵卧荒村，听风听雨过清明，到最后野草闲花中眠却，也算不枉了此生。

火候足时他自美

东坡爱种竹，爱吃肉。

南方人眼儿媚，腰儿纤，情致洽洽黄莺啭。生在水边，长在水边，低头可采莲，莲叶何田田。所以南方人不食猪肉只让人觉得高雅，可是东坡不管它。

东坡是四川人，却在北方做官多年，吃猪肉已成习惯，人又豪爽，干脆把猪肉大块小块切了，大火小火炖了，火候到了，肉就熟烂了。一大锅肉，就那么八角花椒大料葱姜蒜，不晓得要熬多久，及至吃时，肥肉一抿即化，瘦肉韧而不柴，果真如东坡所言："洗净铛，少着水，柴头罨烟焰不起。待他自熟莫催他，火候足时他自美。"

东坡肉有点像东坡这个人，原本再普通不过的一碗五花肉，人间际遇，情情爱爱，分分合合，它就被岁月煨炖成一道好菜了。

"十年生死两茫茫，不思量，自难忘。千里孤坟，无处话凄凉。纵使相逢应不识，尘满面，鬓如霜。夜来幽梦忽还乡，小轩窗，正梳妆。相顾无言，惟有泪千行。料得年年肠断处，明月夜，短松冈。"一首《江城子》，千古悼亡词。

词中的"小轩窗，正梳妆"，不晓得写的是他的亡妻王弗的婚前情态还是婚后情态，只想着一个陷入恋慕中的青年悄悄跑到王家屋外。看着心上人打开闺房的小窗，对镜梳妆。若是王弗发现，对他甜甜一笑，他的心就醉了。谁能想到，一个豪迈地大笑着，行步着人生崎岖坎坷的大才子，曾经有过这样纯情的一面？

十九岁，苏轼抱得美人归。可惜，其亡也早。王弗卒于 1065 年，终年二十七岁，身后留下一子苏迈。

苏轼的世界好像一嘴紧密的好牙突然缺了一颗，凉风呼呼地灌进来。

苏轼好比疏疏朗朗的花枝，王弗是精致细密的花叶；苏轼好比华丽的庭院，王弗是庭院垂花的月洞门；苏轼好比是高阔辽远的天，王弗是踏实的地，可以生花长叶。如今枝还在，花没了，叶没了；庭院还在，月洞门没了，庭院凄凉地张着大嘴；天还在，地没了。两个人性情相投，性格互补，如今天缺东南，地陷西北。

逝者已矣，生者还要继续行走在这个惨淡的世界。此后苏轼父母俱亡，妻子亦丧，尘世漂流，际遇如先影离合，又如风吹梧叶。而他写下这首悼亡词的时候，身边已有续弦王闰之，一个性格温顺，知足惜福，吹茶采桑的村姑。

一回，苏轼一家在汝阴，一晚，堂前梅花开，月色鲜亮，闰之叫苏轼请朋友花下饮酒，说："春月胜如秋月，秋月令人凄惨，春月令人和悦。"随口一句话，叫苏轼欣喜不已，说她说话都是"诗家语"。所以说诗人未必识字始，自有情怀自作诗。东坡也不是厨师，却让一道东坡肉流传千代。

苏轼宦海浮沉，一时紫袍绶带，一时被抓吃牢饭，闰之跟着他担惊受怕，且又荒野之地陪着他摘野菜，赤脚耕田，就这样陪了他二十五年。

苏轼还有一个红颜知己。神宗熙宁七年，苏轼被贬任杭州通判期间，宴饮时与歌女朝云相遇。朝云一生苦命，始终没有能够为自己挣一个名分。苏轼被贬黄州，日子难过。朝云布衣荆钗，为他调理饮食起居，元丰六年生一子名遁。苏轼特为作诗："人皆养子望聪明，我被聪明误一生。惟愿我儿愚且鲁，无灾无难到公卿。"可惜小孩子一岁即夭折，最心痛的是孩子的母亲。

再然后苏东坡再次遭贬，发配惠州，年近花甲，复兴无望，闰之已逝，姬妾星散，身边唯有朝云，随他长途跋涉，越岭翻山。她恋他，慕他，追随他，为他生子，最终皈依佛门，三十四岁溘然长逝。朝云死后，苏轼葬她于惠州西湖孤山栖禅寺旁的松林中，并在悼念朝云的诗中写："伤心一念偿前债，弹指三生断后缘。"足见东坡心中对朝云的愧悔。

一生情爱，几段人生，苏轼就这样一边豪爽大笑、一边心思细腻、一边心怀热忱、一边满眼孤清。世人品尝东坡行状，好比吃到一碗好肉，甜糯晶莹，入口即化甘爽人心。可谁又晓得这样一个人是怎样被烟熏过、火燎过、锅里蒸过、油里炸过？才让这粗糙的人间里，有了苏东坡这样火候足足的美味。

○ 2016 重庆中考模拟试题语文

第五辑
凡间行路

别人家的绵绵瓜瓞

　　和同学相约去邻县——古称晋州，大唐宰相魏徵的家乡。几千公里之外都到过，此处却是平生初至，且明明又有老同学在。二十年居然在看不见的地方纷纷各自变老，人世间的事，真的是有情好似无情，有缘恰如无缘。

　　当地同学负责接待，自酿的葡萄酒，入口与葡萄汁无异。几口下去，红头涨脸，差点成了刘姥姥——刘姥姥喝人家的甜酒，说是横竖这酒跟蜜水似的，多喝点子无妨，于是放量尽喝，到最后醉得不分东南西北。

　　问同学，说是附近就有卖的葡萄——有一个很大的农庄，搭很大很大的棚架，种很多很多的葡萄。十斤葡萄配三斤绵白糖，葡萄去籽去皮，丢进瓮里发酵。他说话的时候仍旧一本正经的模样，从小即是如此，二十年前即是如此，怪不得人说三岁看老。另一个来接待的女同学略有发福，头发也显得有些白且稀疏，眼角有了纹路，神态一如既往的安静，显得有些慈祥，也和小时候一样，和读书时候一样。

　　二十年了，都变了，又都没有变。

　　吃罢饭，一起去买葡萄的地方，出城十公里，一个至今仍旧在吃大锅饭的乡。很稀罕。我小时候，一大早会有钟声急响："当当当！当当当！"社员们戴着草帽，扛着锨，纷纷走出家门，听队长派任务："你、你、你，去锄豆；你，去捡粪；你、你、你，去插禾……"到中午，钟声又成了"当——当——"缓慢、悠长。社员纷纷收工，扛锨回家。

早就包产到户了，早就各奔前程了，早就出门打工的打工、在家留守的留守，很多乡村人都快走空了，这里居然还在继续搞农业合作社。社员一起出工上地，记工分，公社统一盖三间两层的楼房，谁需要就给谁分，盖房花费用工分抵扣。公社人均年收入四到五万元，是以乡民衣食皆有，不劳外求。

这里还有个丰泽园。看着园名发呆：好熟悉的感觉。入园到处皆树，地上落叶满铺。出园门就进农场，长长的甬路，两旁笔笔直的白杨树。搭着种葡萄的大棚架，叶子枯干，垂垂吊吊，抬头看，是被切割成网格状，又被落叶点缀的蓝空，枯叶像黑色的风铃。

两大排棚架中间是紫红红的鸡冠花，拥拥簇簇，阳光一照，红艳艳的像浪头一样往前打。

又有葫芦架，唯余葫芦叶。偶有一两个小葫芦藏身叶间，男同学把地上铁焊带轮的梯架推到小葫芦下面，让我们："快爬，快爬。"我们就彪悍地一溜烟往上爬，揪下葫芦往包揣。紧张得我腿肚子疼，前边就是爬梯劳作的农人。

然后就发现其实不用偷，前边走的同学人手一个，光明正大地举着。抬头看，好壮观，进了葫芦阵。头上垂垂吊吊的全是葫芦，青的，绿的，乡民正在收获，有的掉地上，摔裂了一道缝，就给我同学们了。大葫芦，小葫芦，都嘴巴上吊个藤蔓当绳，肚子里有话没法去说，没嘴儿的葫芦日子也难过。

前面不是葫芦阵了，从架子上垂下来的全是大丝瓜。那么大、那么多、那么长的丝瓜啊！生鲜碧翠，瓜瓞绵绵，无限喜欢。

三转两转，入了果园。一园子的梨。别的梨树上都光着，唯有一棵树，梨子无人采摘，掉了一地，上面还累垂垂地挂着。个小，皮青，很不出众。拾起一个地上的果子，有虫洞，掐开皮看看，又细又面。一只虫从洞里钻出来，极快爬走——你在这里安家了哦？住着糖做的房子，就像童话里的幸福世界：巧克力做的屋顶，冰糖做的窗户，甜面包做的床，饿了想吃哪吃哪……同学说是面梨，结面梨的树是用来授粉的，是男树。这么大一片梨，都是女树，需要授粉。授完粉之后，它结的梨就没人要了。

他们不要，我们要。男同学上树抱住树枝子拼命摇，噼里啪啦下雨一样掉果子，一会捡了一袋子。

再往前走，梨树上吊着一只真正的梨。惊惊险险地上树摘，一个失手掉地上，拾起来，软软的土地，居然把它摔得碎扁。这么嫩的肉，这么薄的皮。用手擦一擦直接开吃，细，甜，绵，软，薄薄的皮里包着一包汁，吃完后手指粘连在一起，张不开。

回到大路上，又见些老旧的风箱、石碓、石磨。真好，真好。

归去来兮，田园将芜胡不归。可是我们不过是观光客，大呼小叫像风一样刮过。"归去来兮"的话谁都会说，真正能做到和肯做到的又有几个？古代也不过一个陶渊明罢了，外国还有一个塔莎·杜朵——名门之后，连爱默生、马克·吐温、爱因斯坦都是她父母家的座上客；她却一定要辍学务农，开农场，养奶牛，养鸡、鸭、鹅。每天到很远的井边挑水，在花园里种蔬菜和花果，自己织布裁衣，用创作儿童绘本的方式，养活四个孩子。1971 年，她迁居更荒僻的荒野。

我老爹瘫痪在床，连自主如厕都不能。他躺在床上，有一天，对正替他换尿布的母亲说："你真好看。"我母亲说："好看个啥，伺候你都把我累老了。我今年才 69，人家说我 70 岁。"

听着他们的对话，我觉得想死。他们还年轻，我已经老了。

塔莎·杜朵迁居荒野的时候，已经 56 岁。她花了三十年时间，建成了她身后被人们当成旅游胜地的 19 世纪风格农庄。

世界上从来不缺肯坚持做梦到底的人——实现梦想其实就是做梦到底。可是我是真的那么喜欢乡野的秋梨，还有杨树和瓜熥，却没有勇气真的下到大田里，两脚踩住湿泥和粪水。我是好龙的叶公，在一种假扮的朴实和优雅中老去。

　　绵绵的，是别人家的瓜熥。

凡间行路

符凡迪是一个我不认识的人。

我只是偶然看过他的一个视频，参加一个电视台举办的唱歌选秀大赛。

他吸引我的是他的职业，大屏幕上打出来的是"拾荒者"。

个不高，很长的头发，披在肩上。很收缩的站姿，两只手捧住话筒，双肩前拢。

92 年从老家出来到深圳打工，同学给了他 50 块钱，坐大巴就花了 35 块。结果这里用工只招本地人；偶尔有招外地人的，又需要交押金。他从此走上拾荒之路，偶尔做做清洁工、洗碗工。

他甚至不知道自己的年龄。父亲在他一岁多时去世，母亲没告诉过他哪年哪月生。本地户籍警说年满十八岁才可以打工，我给你填满十八岁吧。所以，他现在是"四十多岁"，多多少，多不多，不确定。

他是爱唱歌的，到酒吧应试过歌手也通过了，可是没有好的衣裳。

也有人给他介绍过对象，他很中意人家姑娘，可是他的条件又是这样。

所以，现在的他，就是一个四十多岁的，不名一文的，没有房、没有车、没有家、没有妻、没有子、没有劳保和三险一金、没有救济，什么都没有的，老光棍。

可是他唱"朋友别哭"："有没有一扇窗，能让你不绝望。看一看花花世界，原来像梦一场……朋友别哭，我依然是你心灵的归宿；朋友别哭，要相信自己的路。红尘中有太多茫然痴心的追逐，你的苦我也有感触。"

他还在安慰别人。

唱歌的时候，看着很远的地方，眼睛里没有热烈的神采，没有志在必得、胜在必得的欲望，就只是很安静地在唱。

无声无息，穿透人心。

观众起立，鼓掌，评委热泪盈眶。他说谢谢，谢谢，谢谢，我做梦也想不到会登上这么……好的舞台。这个"好"字，他有点迟疑，后来加重了语气，在他的世界里，这就是天堂。这样的声光电舞，这样的五色琉璃，这样的让他梦寐以求而又求之不得。真好啊，真好。

所以，谢谢舞台，谢谢观众，谢谢主持，谢谢评委。

他一直在感恩，心里没有怨恨。

他没有说我怎么会有这样的父母，怎么生在这样贫穷的家庭；也没有说我怎么会落到这样的境地，这是一个怎样狗屁不通的社会。

评委问他："据说你还在帮助一个人的母亲，是吗？"

他没有详述事件原委，只是迫不及待表达愿望，说，一直以来，我的心里就有一个梦想，想要帮助更多的人。这样的人，会因为自觉受到错待而杀人吗？会因为食不饱衣不暖而报复社会吗？会因为出无车食无鱼怨恨人群吗？会因为无妻无子身边无人老来无靠自杀吗？

他没事的时候会看书，听音乐，唱歌。他甚至在书店里靠看图片上的口腔发音自学会了英语。他说了一句英语，发音很标准，意思是："你没有办法改变你的过去，但是，你可以改变你的未来。"

我觉得他不是人。

——那些自己宁可挨饿也要喂养流浪猫狗的人也不是人。明明自己衣食无着，却还要给路边乞丐一枚硬币的也不是人。祈祷上天赐福天下所有受冻的人住高房暖屋，"吾庐独破受冻死亦足"的杜甫也不是人。

　　那个美女评委说："谢谢你，我本来已经对这个舞台习以为常，是你让我找到了对这个舞台、这个世界的敬畏之心。"

　　是的，该说谢谢的是我们。因为我们知道感恩，却不感恩；知道敬畏，却无敬畏；知道顺从，却不肯顺从。我们不肯不抱怨，不肯不嚷骂，不肯不愤怒，不肯不钻营。

　　可是，哪怕常年心里雾霾深重，也瞥见了一线天空，青色的苍穹上镶着一双宁定、安慰的眼神。

　　——像行走人间的基督的眼神，像穿着百衲衣托钵行乞的佛陀的眼神。

　　只要你肯看，便能看见。只要你愿走，凡间行路，如同他们，亦可如神。

总有一些人来不及幸福

　　我不爱看电视，所以不知道陈虻。直到无意间读到一篇文章，叫《陈虻不死》。柴静写的。柴静是央视主持人，这一点我还是知道的。陈虻曾经是她的领导，上司。

　　昨天和同学吃饭聊天，同学问我平时有什么业余爱好，我有点羞赧。自从入了写作这一行，十多年来，好像就没什么业余不业余的。基本上没有进过歌厅，从来没有泡过酒吧，只做过一次足疗，美容院门朝哪开还搞不清楚，家里电视是摆设。茶倒是喝过，酒局也赴过，可几乎没有自己做东，费神张罗过，以至于有一次一个朋友借着醉酒质问我说："你闫老师出了十几本书，有哪一本书是请咱们弟兄们喝过一场的？"

　　同学自然是亲近的，人前面后总是夸我，如今坐在一起，还是夸我。可是，老同学啊，我心里想：为什么你不问问我，快乐不快乐。

　　起码在五年前，那时尚不足四十岁，心里想的是，活到45岁就好了，千万不要活多。买房置业，养家糊口，赡养父母，真是累得不想活。可是如今孩子长大成人，父母并不向我索取得超过我的能力所限，平素所挣也够生活，而且已经不那么累了，为什么还是不快乐。

　　仍旧不想活。单位的清洁女工的年仅17岁的女儿脑出血死亡，我心里却泛起一阵隐秘的欣羡：真好。为什么不是我。

自从不再害怕死亡以来，死亡就成为我欢迎的。世界太大了，每一个人的饥饿都好像是我的饥饿，每一只猫狗的流浪都好像是我无家可归，每一滴血的流淌都好像出自我的身体，每一丝疼痛都好像刀刻在自己的皮肤和肌肉。后来，经历了婚变，晓得了舌尖似剑，杀人如刀，晓得了精壮男子会对手无寸铁、身穿睡衣、毫无防范的女人痛下狠手，晓得了法官也会收受贿赂，警察也会吃请，晓得了叫天不应，叫地不灵。被杀、被虐、被伤、被害的所有恐惧汇聚成海，把我吞没。

所以，当同学问"你是不是应该写一些反映现实的小说"的时候，我抬头看他一眼，说："为什么？"

是啊，为什么呢？好容易从现实中跋涉逃离，看见田地平旷，屋舍俨然，不知今夕是何年，为什么要逼着我把不美好的现实锐化，搬到纸上？

所以我是弱者，逃避者。所以我不快乐。

那么莫言就快乐？他的小说是我不喜欢的，太写实了，残酷得让人没处躲。我不信他写这样的东西，他就能够得着快乐。

贾平凹写《废都》也不快乐。

曹雪芹也不快乐。

这个已经去世的，只活了 47 个年头的电视人陈虻也不快乐。

到现在我还记得央视一句广告词："讲述老百姓自己的故事"，是王刚配出来的音，言犹在耳，而这已经是 1998 年的事了。这是陈虻想出来的词，他第一个提倡把央视高大上的镜头对准老百姓的最真实的喜怒哀乐，而真正的喜与乐又有多少？多的，是哀与怒吧。哀怒伤身，也伤到了他。

所以，柴静回忆说：

"七年前，我赶上时间在东方时空开的最后一个会，时间坐在台上，一声不吭，抽完一根烟，底下一百多号人，鸦雀无声。

她开口说：'我不幸福。'

然后说：'陈虻也不幸福。'

她是说他们俩都在职业上寄托了自己的理想和性命，不能轻松地把职业当成生存之道。"

后来陈虻还对她说过："成功的人不能幸福，""因为他只能专注一个事，你不能分心，你必须全力以赴工作，不要谋求幸福。"

一下子就明白了。

有一段很普通的话，说幸福就是睡在自家的床上，吃父母做的饭菜，听爱人给你说情话，跟孩子做游戏。一下子明白了为什么我那么不快乐，因为我虽微小，同样专注，虽然逃避，仍旧痛苦。专注于灵魂、生命、写作；痛苦于因为专注、全力以赴，无法谋求幸福。

想起来是个吊诡，想通过写作谋求幸福，却因为专注写作无法求得幸福。也曾想过不写作，可是，好像除了写作，我已经再没别的办法接近灵魂了。

周星驰执导而不出演《西游降魔篇》，他说："我导戏的时候，每个角色每一场戏都亲自演一遍，里面没有我，也全部都是我，我把自己最重要的'灵魂'放在电影里。"这个人已经五十岁了，还专注于拍电影——这是他通往灵魂的最便捷的途径。没有家，没有妻，没有子，他还没有来得及幸福，就已经老了。而陈虻在追寻灵魂的路上，还没来得及老，就死了。这个世界上，总有那么一些人来不及幸福，因为他们都中了一种叫作"寻觅"的毒。寻寻觅觅，冷冷清清，走向尽头，留下一个个淡白的影子，从时间深处的风吹过来，顿时散了。

很多人的灾难都是发生在心里

一片飞蚝，如同飞机轰炸，嗡嗡嗡嗡。人们好奇地看着眼前一切，漫不经心地说，要下大雨了。可是不知道怎么的，就房倒屋塌，家破人亡。丈夫没了，女儿没了，只留下独臂的儿子和自己。

重看一遍《唐山大地震》，我倒觉得，地震不是真正的灾难，真正的灾难发生在人的心里。有人试探着追求，她却冷冷淡淡地赶人走，因为"没了，才知道什么是没了"。救了儿子，扔下女儿，一个孩子上学，买两份书本。地震前，家里只有一个西红柿，她让女儿让给弟弟吃，说明天妈再给你买；女儿三十年后回来了，她洗了一盆西红柿——那年的那个西红柿，是怎么堵在心里的："西红柿都给你洗干净了。妈没骗你，"一边说一边跪下，说，"我给你道个歉吧。"她这个头，谁知道在心里磕了多少回，多少回。

还有《集结号》里，那声永远也没有吹响的集结号，和死扛到底、全部牺牲的弟兄。他们横倒竖卧，让唯一幸存的他睡不能安枕，和平年代拼命挖着小山一样的煤，要把他的弟兄们的遗骸挖出来。他的心里也是碎的，稀碎。抟不起来。一片浩劫过后的灾难。

地震啊，战争啊，死人啊，这些都是事件，不是灾难。灾难是对人心的日复一日的咬啮，让人疼得发狂。走在大街上，你不知道谁的心里疏影横斜梅花黄，也不知道谁的心里正经历着一场灾难，谁又在一砖一瓦地缓慢重建。

很久以前读一篇外国小说，一个男人死了，他的妻子板着脸接受众人的慰问，在灵前哀悼。当人们四散，她回到卧室，关上门，长长地出了口气，说："真好。他死了。"所以，旁人看着是灾难的事情，对她来说，却是节日。

鲁宾孙荒岛求生的时候不是灾难，获救之后到处藏食物，惶惶不可终日才是灾难。他一个人的灾难。

《牛虻》里，革命者牛虻终于被判决处死，可是他求仁得仁，死对于他本人来说不是灾难，对于他的身为红衣主教的亲生父亲才是灾难，无论走到哪里，都看得到儿子身上流淌出来的鲜血啊："上帝的羔羊涤荡了世间的罪恶，圣子为了你们的罪孽去死。你们聚集在这里，参加这个庄严的节日，吃下属于你们的圣体，并且感激这样伟大的恩惠……你们当中有谁想过他人的受难——圣父的受难？他将儿子献出，使他钉死在十字架上。你们当中有谁想起过在他走下神座，俯瞰加尔佛莱的时候，圣父心中的痛苦呢？……他为你们而死，黑暗已经吞没了他。他死了，我没有儿子了。噢，我的孩子，我的孩子啊！"

所以说灾难是极端个人化的体验，旁人眼里的幸福，对于本人也许就是灾难。而对于身在约定俗成的概念中的灾难中的人，也许他火里栽莲别样红，正得其所哉。

灾难是什么？

灾难是刨根问底地质疑，是片片块块地锈蚀，是万丈高楼一朝倒塌，是原本的幸福和快乐跌了一个粉碎。是意义、希望、爱情、家、根、信任这些活人的根本的失去。

——事情的发生永远不是灾难，房屋可以重建，老婆没了可以再娶，儿女没了可以再生，朋友背叛可以离开，可是，你让爱情怎么再生，让家怎么再生，信任怎么再生，希望怎么再生。梦醒了，再入睡，可是再做的，已经不是这个梦，它已经醒了。

　　为什么想这些呢？因为想吃饺子，既没人和我一起包，也没人和我一起吃。然后晚上就做梦，梦见在一间屋子里睡着了，我铺的盖的都是白的褥和被，头顶上雪白的月亮照下来，外边有人一边叫着我的小名儿"白妮、白妮"，一边找我。然后我就去了一个操场，又在一个高台上睡着了，也是头顶上雪白的月亮照着。

　　梦里那种荒凉和绝望，要疯了。世界安好，可是我的灾难发生了。醒过来，泪就下来了，哭得越来越厉害。四个小时，不停地哭，不停地流泪。想着停下停下，可是就是停不下。心里的什么东西，也许是希望，也许是什么，感觉正被泪水泡软，泡塌。

　　第二天醒来，眼睛是肿的，梳洗上班，一切照常。没有人看出来我昨晚什么样，更没有人看出来我心里什么样。我也看不出别人昨晚什么样，心里什么样。每个人的灾难都发生在心里。就像一个邻人去世，并无什么人悲痛，因为他既病且老，缠绵床榻，老妻本来自己也有病，还要挣扎着做饭端水伺候他。大家都想她如释重负，可是她哭着说："怎么不让我也死了，叫我这么牵挂他？"一个寻常的人的寻常离去，对于她来说，是灾难发生了。明白吗？无可弥补的灾难发生了，房倒屋塌。

　　而哲学啊，宗教啊，距离啊，光阴啊，归根结底，也不过或者遗忘，或者看开。灾后重建的过程，人类永远找不到一个一劳永逸的方法。

孤独这件事

　　我都忘了暗恋的第一个人长什么模样了。暗恋么，自然是不敢宣之于口，只能把心事写在纸上，再把纸撕碎在风里。又处心积虑模仿那个人写的字，到最后形神俱肖。如今想来，他的人也不是那么好，字也不是那么好，可是就是觉得天上有一，地上无双的那种好。这份小心思不敢跟任何人说，像狗熊含了一嘴巴的蜂蜜，偷着甜，张不开嘴。那个时候，即使孤独，心也是满的，觉得有一个人在心里坐着，躺着，站着，跑着，跳着。可是，还是孤独。

　　那么，那身怀秘技不肯示人的英雄，也是孤独的吧？那藏了一屋子钱的贪官，也是孤独的。那背着丈夫爱着别人的妻子，那背着妻子爱着别人的丈夫，也是孤独的。这个世界上，人人都是孤独的。

　　孤独没有什么不好，不过也不那么好就是了。短时期的孤独是一种饱满的享受，孤独的时间长了，就有点麻烦。

　　一本叫作《他人的力量》的书援引了一个例子，说是一年夏天，三十二岁的萨拉和两个朋友在伊拉克库尔德斯坦地区（Kurdistan）的山里徒步旅行，迷路，在伊拉克同伊朗接壤的边境被伊朗军队逮捕，被控间谍罪，单独拘禁。一万个小时与世隔绝，萨拉出现幻觉："透过眼角的余光，我开始看见闪烁的光线，环顾四周却发现什么都没有……在某个时刻，我听到有人在尖叫，直到感到某个友善的狱卒把手放在我脸上，设法让我清醒过来，才发现那尖叫声是自己发出来的。"

所以说，长期的孤独有害。十年前看过一篇有关孤儿院的报道，一个小婴孩背对镜头坐着，两只小手一张一蹯。没有人领养他，也没有人抱抱他。现在这个小孩长大了吧？他可无恙？他可安好？

每个人都需要别人。只有有了坐标，才能知道自己的方向和落点。哪怕坏的别人也好：没有鲍鱼之肆，就没有芝兰之室；没有食腐鼠之鸱鸟，就没有食练食饮醴泉的鹓雏。所以，还是不要隔绝人际交往，否则孤独刚开始看上去很美，时间长了，会令你感觉口鼻蒙了二十层沾了水的桑皮纸，你正荣幸地经受清朝酷刑"贴加官"。

但是，过分崇信人际交往，又会走向另一个极端：你害怕孤独而驱赶孤独，却发现越来越孤独。电视上播报一则趣闻，说是一个老太太为自己征一个女儿——她没有小孩，希望将来老了可以有一个女儿贴贴心心喂自己喝碗水。"太孤独了。"她说。可是，当来应征的女孩提出要求，让她先把房子过户给自己的时候，她的孤独感更巨大了。

自己是读书人，却一直跟孔孟之道不亲。儒家只论生，不论死，只讲关系，不讲心灵。它恨不得把人人都规得四四方方，摆在棋盘格里，被方方正正的规矩操纵，所谓父慈子孝、兄友弟恭夫和妇柔。心呢，心在哪里？至于孤独，又算什么劳什子？所以《宫女谈往录》里，那个伺候过慈禧的老宫女会有如许感慨："宫里头讲究多，当宫女要'行不回头，笑不露齿'。走路要安安详详地走，不许头左右乱摇，不许回头乱看；笑不许出声，不许露出牙来，多高兴的事，也只能抿嘴一笑。脸总是笑吟吟地带着喜气；多痛苦，也不许哭丧着脸；挨打更不许出声。不该问的不能问，不该说的话不能说，在宫里当差，谁和谁也不能说私话。打个比喻，就像每人都有一层蜡皮包着似的，谁也不能把真心透露出来。"

可是，又如《儿女英雄传》所说："大凡人生在世，挺着一条身子，合世界上恒河沙数的人打交道，哪怕忠孝节义都有假的，独有自己合自己打起交道来，这'喜怒哀乐'四个字，是个货真价实的生意，断假不来。这四个字含而未发，便是天性；发皆中节，便是人情。世上没不循天性人情的喜怒哀乐；喜怒哀乐离了天性人情，那位朋友可就离人远了。"儒家的喜怒哀乐，我就觉得有点离规矩近，离人情远。

就好像拔河一般，儒家把人往世路规矩一道上拼命拉，老庄之道又把人往真性真情一道上拼命拉。如果能把二者中和一下就好了。喜欢用世那就去用世，不喜欢用世就像庄子《逍遥游》里大葫芦和大树：葫芦太大了，干什么都不行，那就"以为大樽，而浮于江湖"；树太大了，材质又差，干什么都不行，那就"树之于无何有之乡，广莫之野，彷徨乎无为其侧，逍遥乎寝卧其下"。没用的东西，自然也没有人去害它，这不挺好的吗？这样的大葫芦和大树必不会多，绝大多数的葫芦和树还是想当瓢和桌椅板凳的，所以，它们想必也是孤独的。不过，这种孤独是自己想要的。至于那群小葫芦小树，挤挤挨挨，你上我下，吃饭、喝酒、唱歌、应酬，表面看倒都热热闹闹，内里就不孤独么，谁也不晓得。

鲁迅笔下的人，几乎没有不孤独的。孔乙己是孤独的，祥林嫂也是孤独的，《狂人日记》里的狂人是孤独的，哪怕是革命者，也是孤独的。这种种孤独，压抑而沉重，没有自我放逐于天地间的自傲与洒脱。

魏晋六朝那些个竹林七贤们，出身士族，有雄厚的经济基础，又有诗书歌赋的教育底子，作为知识分子，孤独是他们必然的命运，不过他们应对孤独的法子倒成了世间一道风景：阮籍"时率意独驾，不由径路，车迹所穷，辄恸哭而反"。刘伶嗜酒，"常乘鹿车，携一壶酒，使人荷锸随之，曰：'死便埋我。'"嵇康因"上不臣天子，下不事王侯，轻时傲世，无益于今，有败于俗"的可笑理由被害，刑场上弹奏一曲广陵散，奏罢说道："袁孝尼尝请学此散，吾靳固不与，《广陵散》于今绝矣。"一个一个，孤独的人啊。一个一个，特立独行者。好在他们自甘孤独与放逐，求仁得仁罢了，命运如何，都不必去惋惜的。

而卡夫卡《变形记》里的小职员格里高尔兢兢业业养活父母和妹妹，本想一直工作到老，却一朝醒来变成一无所用却遭人嫌恶的大甲虫，他的这份孤独，才是极其被动的呢。因为被动，没有出路，不存在救赎。

吃饭的时候，一个朋友夹块青菜给我，说："闫老师，给，你不是食素者吗？"他明明看见我盘子里的一块肉。我领略到他话里细微的讥讽，却没兴趣辩驳说我倡导食素，却非绝对食素。无法和一个心怀恶意的人对话，于是便不去对话。

孤独与善恶无关，与群居还是独居无关，它是铺排在每个生命底部的色彩，生命的最初和最后一层裸色，一种泯灭不了的感觉。怎么摆脱它？估计没有答案。唯一可操作的，也许就是想办法从被动孤独转化为主动孤独。操作方式多种多样，无非是拂开红尘，看见灵魂，灵魂需要什么，就给它喂养什么，喂养到它圆滚滚通透明亮，就可以在万丈红尘游而以嬉，随遇而安。释迦菩提树下证道，岂非如此？一直到，到释迦牟尼佛拿起一朵花微笑，大弟子迦叶也破颜微笑，就行了。两个人的孤独互相印证，于是就不着一字，尽得孤独而又尽得不孤独。

事已至此

我家里那本《平凡的世界》，当初买的是盗版，厚厚一本，小五号的字，眼睛被我欺负惨了，大睁着看不完地看："……菜分甲、乙、丙三等。甲菜以土豆、白菜、粉条为主，里面有些叫人嘴馋的大肉片，每份三毛钱；乙菜其他内容和甲菜一样，只是没有肉，每份一毛五分钱。丙菜可就差远了，清水煮白萝卜——似乎只是为了掩饰这过分的清淡，才在里面象征性地漂了几点辣子油花。不过，这菜价钱倒也便宜，每份五分钱……"

犹记孙少平穿着家织老土布染就的学生装，穿着旧胶鞋，踩着没有脚后跟的袜子，胳膊窝里夹着碗，缩着脖子在泥地里去打饭的情景：吃不起菜，也吃不起白面馍和玉米面馍，只能吃两个黑面馍，就着菜盆底剩下的混了雨水的菜汤。铁勺子刮盆底，嘶啦声像炸弹爆炸，响得他连脖子带脸红。

如今看电视剧《平凡的世界》里的孙少平，光眉净眼，平头正脸，白白胖胖，真是分分钟出戏没商量。秀莲也让人出戏，润叶也让人出戏，田晓霞也让人出戏，田福堂也让人出戏。秀莲居然到最后主张不分家了，也让人出戏——怎么能这样。

没办法，它已经拍成这样了，就只能是这样。

"事已至此"。

——真是让人伤心的词。

犹记得路遥写的那篇《早晨从中午开始》，他在凌晨两点到三点左右入睡，有时甚至延伸到四五点，天亮再睡也不稀奇。午饭前一个钟头起床，他的早晨才算开始。抽烟，洗脸，喝一杯浓咖啡醒醒神，吃饭，吃过饭扑到桌面上，不午休。整个下午除上厕所，头也不抬。晚饭后看新闻联播，读报纸，接待来访。夜晚，众人与诸神皆安睡，他重新伏案，直到凌晨两三点，四五点，甚至天亮。一天天，又一天天。

结果是什么呢？

熬夜疲累，重病就医，妻子离异，英年早逝。如果让他重活一回，不知道他会怎么做，可是事已至此。就像他营造出来的平凡的世界里，孙少安和田润叶分离，和秀莲结婚，事已至此；孙少平和田晓霞相爱，田晓霞去世，事已至此；孙少安到底是和秀莲风雨同舟，相濡以沫，可是秀莲得了癌症，事已至此。

一个朋友谈恋爱，曾经那么浓烈的感情，最终淡成白开水，连一句"再见"都懒得说，就彼此消失。问起来，她说事已至此，懒得挽回。

一个朋友被人误解，横遭报复与冷待，她并不相信清者自清，可也懒得辩解。最终和误解她的人分隔两岸，不通音信。她说事已至此，爱咋咋地。

一个国家，一个社会，一个时代，一个团体，一个人，一只猫，一只蝴蝶，一次事件，都可以"事已至此"。排山倒海的悲剧，哀痛急怒的泪水，快要爆炸开的心，冷淡寒凉的命运，都装进去，拿不出来。

洞房花烛夜不会说"事已至此"，若说，必是背后有着和烛影摇红背离的悲哀；金榜题名不会说"事已至此"，若说，必是背后有着不足为外人道的隐秘私情；久旱逢甘雨若说"事已至此"，那得是多么不得人心的坏蛋的台词；他乡遇故知无论如何不能说"事已至此"，否则必不是故知，是仇敌。

杨柳岸，晓风残月，事已至此，无计可施；眼见他起高楼，眼见他宴宾客，眼见他楼塌了，事已至此，只徒相忆；毁了一座城，怎么办，事已至此，满目废墟。妻儿离散，怎么办，事已至此。禾苗半枯焦，怎么办，事已至此。这么多的事已至此，不能逃离。

最大的事已至此，是死亡渐渐逼近。一个亲戚两年前得了胃癌，住院，开刀，出院后胃只剩了一小点儿，什么也吃不进去，还拼着老命地干活。一米七多的个子，缩得不足一米六。一个月前病重不治，躺在床上，跟妻子说：我还不如不那么拼命，还能多陪你几年。妻子泣不成声，可是事已至此。

刚刚辜负一个重情义的人。因为他太重情义，而我又没有办法在一个道德标兵面前做人做事，只好逃开。我知道我不对，可是世事浸染，已成了这么一副鬼样子。不管他是不是伤心欲绝，伤心欲死。事已至此。

原来遗憾才是这个世界上最大的"事已至此"。

可是人就是怪，有些话就是不想说，有些事就是不想做，有些人就是不想再见，有些人明明想念，就是不肯说出来。遗憾就遗憾吧，只能这么聊以自慰。

中午在一家小饭馆的二楼吃饭。窗外是树顶，树顶外是凌霄塔。树叶细密，风吹波动。不知道是什么树，以前家里也种有，结着绿色扁长、两头尖尖的荚果，也不见得是荚果，就是软软的，像花又不像花的模样。以前家里种树就挨着房，站在房顶，可以摘"荚果"下来，和小孩们坐在房顶上树荫中，跷起脚丫，两根大拇指间抻起一根白棉线，把这些绿绿的似花非花的尖尖的东西往棉线上叉，像是让杂技演员一个个叉腿骑在钢丝上。总是往下掉，掉了再往上挂，再往上挂。而且还把叉着荚果的棉线绕成一圈，小心翼翼往脖子上挂，往手腕上绑，那算是最初的装饰品了吧，像原始人的磨贝壳做手链。那个时候还和一帮小孩子把马齿苋菜茎撇成一截一截，但是外皮不能断，正撇一截，反撇一截，然后就成了一串，挂在耳朵上，当耳坠儿。还发奇想，想把这种东西大量地撇出来，戴在头上当头饰，上舞台唱戏——那时候怎么那么敢想？

如今老家的家都搬了多少回，当年的树没了，纯天然绿色项圈也不会做了；马齿苋还有，可是没人肯陪着我撇菜茎当耳坠子了。

大了。老了。再也回不去了。

事已至此。

人生，秋凉，生生死死，不完不结的"事已至此"，只有它一个劲地开始，没有结尾。

我的乌鸦没有来

广袤、干枯、荒凉的大峡谷。

峡谷原来是这个样子，裸露山石的大地好像被一柄厚背薄刃的宽刀突然劈下，裂开一个宽宽的、狭长的口子，像一条纵闪那样一路划破天空。若有人顺着峡谷的峭壁一路向下，就会置身深深的腹地，宽窄仅可容一人行，抬头看，天像一条青色的细线。阳光照进来，像猛然间"哗"一下把阴沉的峭壁岩割开，然后开始移动，像是带着某种微妙的响声，移动，移动。移动到你将将能够着的地方，它就不动了，而你还是够不着。你渴慕它，于是努力地把身体向它倾斜，到最后把一只脚拉得长长的伸过去，用一根脚指头感受它的热力，好像把自己孤单的脑袋埋入热爱的姑娘的胸膛。

为什么会这样？因为你被卡住了。探险峡谷的时候，一颗圆滚滚的巨石跌落，把你的右胳膊死死地卡在石头和崖壁之间。

悲催的体验。

你怒目、拧眉、叫喊，拼尽全身力量想要把胳膊抽出来，却是徒劳。你从来不知道一只胳膊不能动居然让你如此被动，你不得不用一只手拧开水壶的盖，而水壶里的水也不多了；一只手往外掏干粮，干粮也只有很少。你试了一遍又一遍，胳膊毫无疑问已卡死。你仰天大叫："有谁在？快来救我！我在这儿，快来救救我！"喊声飞越崖壁，飞出去，像鸟儿一样，在广袤、荒凉的山原盘旋，没有人烟。而你之所以来到这里，本来就是想逃避人群——妈妈、爸爸、女友、朋友，一个人来探险。你甚至都不愿意接听妈妈的电话，如果接了，也许妈妈就会知道你现在在这里。你就是这么孤独的一个人，如今，掉入一个这么孤独的境地。

如你所愿。

可是，你的心被恐惧紧紧塞满，像是被驼毛塞满了喉咙。

第一天，你还有力气又喊又叫地瞎折腾，抬头看天，天上有一只乌鸦倏忽飞过。

第二天，你开始自救，拿出登山绳，用一只手复杂地又系又套，试图做一个滑轮，好把这块破石头拉开，可是你也明白，这需要至少八个人站在崖顶，听你指挥，而你现在能指挥的只有你的左手——右手的大拇指已呈青蓝色。你拿出一把小刀，想用它把右臂锯掉，可是割半天连皮肤也割不破。此前小刀已经被用来当开山斧，用来试图锯开这块又臭又硬的大石头，不钝让它怎么办呢！你还有心情调侃这把劣质的小刀，和你的劣质的手电筒。阳光一如既往地照射进来一分钟，这对可以自由沐浴在阳光下的人们来说多么微不足道和不可察觉，对你却多么珍贵。你的嘴唇变得干燥，蒙了一层细密发白的干皮。你的眼圈变深。你第二次拿出录像机来给自己录像，因为这已经是第二个 24 小时。你开始想念当初你拼命想逃离的人群，父母，朋友，妹妹，女友，还有那些你不喜欢的人，你想逃离的世界。抬起头，乌鸦一闪而过。

第三天，你浑身无力，心跳快了两三倍，精神开始恍惚，甚至出现幻觉。你失手打翻水杯，珍贵的水又被洒出来太多。你心疼地咒骂起来。你再一次把尿排进袋子里，希望它变凉以后像凉冰冰的啤酒——你不只一次如饥似渴地怀念啤酒、冰水、饮料、游泳池、扑天而来的海水，水，水，水。你用左手艰难地做了一个止血带，把被困的右臂紧紧地扎起来。

你开始自言自语，因为"今天我的乌鸦没有来"——你陷入比肉体被困更可怕的孤寂。没有人知道你去了哪里，有什么遭遇，需不需要接受帮助和陪伴、支持和救援。你和整个世界都断了联系。

你说，你的一生都在向着这块该死的岩石移动，从你出生、成长，到这次出发。这块该死的石头说不定千万年前是一颗星球，划破天幕，变成陨石，就为的把你困在这里，让你和你的一切断掉联系，孤孤单单地死在这里。你开始在墙上刻字，内容是祝自己安息。

想想吧，多可怕。死在一个没人知道的地方，孤孤单单。那些死在没人知道的地方，孤孤单单的人，经历了怎样的精神劫难。

可怕的也许不是死，是孤孤单单。

一个朋友，一个强悍且强壮的男人，从睡梦中哭着醒来。他说他梦见自己孤孤单单，就想着去找母亲，可是走到半路，才想起来"俺娘已经死了"。于是就哭啊哭，直到哭醒。一个七尺高的汉子，孤孤单单。

第四天，你把小刀狠狠插进胳膊，刀尖抵住骨头。你贪馋地舔舐浸出皮肤的鲜血——你已经没有水可喝，而你的鲜血也没有汩汩涌出来，止血带把血阻在肘部以上循环。

第五天，你咬着牙，旋转身体，听着右手臂的骨头一根根折断，然后小刀插进去，从断骨处剖开皮肉，把右手永远留在石下，你重获自由——用一只手的代价重获自由。你爬出罅隙，踉跄前行，血污满身，喝污水，直到遇见人烟。

时光转换，你带着光秃秃的右臂坐在一大群亲朋好友中间，你甩着光秃秃的右臂欢乐地游泳，你欢乐地和爱人拥吻。

不，你仍旧热衷于探险，只是出发前一定会留一张便条，告知你将去向何方。

是为的关键时刻有人救命吗？也许。

更要紧的，最要紧的，也许是害怕一个人的时候，孤孤单单。

一个人的时候不孤单，想一个人的时候才孤单。被整个世界遗弃，想念整个世界的时候，那得是多孤单。为什么监狱里的囚徒会养一只老鼠，会长久地看着一株细草，因为要借此和世界发生关联。

《127小时》是一部老电影，英国导演丹尼·鲍耶执导，取材于一个真人的真实的人生：2003年5月，美国登山爱好者阿伦·拉斯顿在峡谷攀岩时，右臂被石头压住，被困5天5夜。为了逃生，他强忍剧痛，先后将桡骨和尺骨折断，用自己的运动短裤当临时止血带，用小刀从肘部将右前臂硬生生切断。然后为了与失血抢时间，爬过峡谷，缘绳下到60英尺深的谷底，再步行5英里，终于和营救人员相遇，成功生还。电影拍得也许没什么象征意义，就是赤裸裸的被囚与自救的俗套励志影片，可贵的是电影镜头不断闪回，回放主角与人群的互动。

还有一只乌鸦，一次又一次振翅飞翔。

今天，你的乌鸦有没有来？

海上生明月，明月照花林

　　大概前天晚上，下了班，回家。可能吃过简单的晚饭：一碗黑米粥，一个或者两个小面包，也可能没有吃过。总之，餐桌边是干净的，我坐在那里，头顶上洒下来灯光。没有开电视，也没有放歌听。很安静。猫跳到我腿上，蜷伏着。我一只胳膊支着脑袋，另一只胳膊把手搭在桌沿上，猫就把脑袋稍抬起来一点点，搁在我悬垂下来的臂弯。我们两个都不说话。

　　好安静。

　　时间像水。

　　一寸一寸地淌过去。

　　就为这一刻，好像一年的促迫忙乱都有了价值。

　　前阵子出差去北京，两天行程安排得水泼不进，夜里十一点还在和同人开会。那么大一个城，顾不上看看北海、颐和园、故宫。坐在回程的车上，沿路见一个地方栏杆逶迤，桥带如虹，冻树瘦枝虬曲，映着苍茫的天空。那一刻心"倏"地飞出去，在树梢转了一圈。不看也似看了，一霎抵得数日。觉得来得值。

　　值，约略是这么一种意思：过去登高位，如今跌尘埃。年年世味厚，而今世味薄。可是小楼一夜听春雨，天明犹闻深巷卖杏花。这一刻抵得过数十载沉李浮瓜。

也约略是这么一种意思：天天受饥寒，日日被逼迫，风卷屋上三重茅，夜来风雨侵薄被，可是盼到天明，风晴日暖，黄四娘家花满蹊，千朵万朵压枝低。一路只管漫步走去，眼前又见流连戏蝶时时舞，自在黄莺恰恰啼。这一刻抵得过数十载命薄运蹇。

也约略是这么一种意思：奔跑着，跑累了，停下来，喘粗气，抬起头，鼻尖掠过一阵微风，似有所觉，似无所觉。可是身体的一个什么开关好像打开了，那一刻，觉得天也在，地也在，云也在，风也在，原来一切都在。这一刻抵得过千里万里，挥汗如雨。

看电影，不独看情节，更像读书的勾勾画画，给一个个精彩镜头做眉批：

前几天终于看了《2046》，王家卫导演的，情节跳得厉害，一个一个的人物登场，刘嘉玲好像扮演一个舞女，粗着喉咙，那样深痛到刻骨的哭泣；那种忧郁绝望的眼神，走投无路，心被烧得一点点焦燎、卷曲，疼得要死。

还有《全民目击》，孙红雷扮演一个处心积虑搭救犯罪的女儿的父亲。他事业有成，心思深细，一步步的援救都不成，最后他要把自己献祭出去，让法官以为犯罪的是自己。要上法庭了，镜头从下朝上，照见他的一只手一张，然后猛地一握，拔步走去。决心不在豪言壮语，不在起步又踯躅。一张又一合的手，说明了一切。

又看了马龙·白兰度主演的老片子《教父》。一个说话含混不清、看上去完全温和无害的老头子。他被谋杀，受重伤卧床，小儿子替他报仇之后避祸远走，大儿子被仇杀。他立即从病床上爬起来，召开全黑帮老大的会议，声明不追究所有的事，只有一个条件，让小儿子平安归来——他拥抱了指使杀他大儿子的人。然后，他站起来，一瞬间杀气爆棚，阴狠气质暴露无遗。他说：我是一个小心眼的人，如果我的小儿子不能平安归来，哪怕是得了病，或者是死于意外，我都会把罪过归于在座的所有人。就冲这一个镜头，这一个面部表情，他是当之无愧的影帝大人。

还是老片子，梅尔·吉布森主演的《轰天炮》第一部。他饰演的警察一边喝酒一边把玩手枪，然后把手枪顶在额头上，想了想又顶在喉咙里。镜头移到他的脸，他的眼睛。就是他的眼睛，我看着看着，就哭了。那么深、那么深的绝望。他的妻子死了十年，他无法自拔，一直怀念。

看了这些，觉得看似浪费的时间不曾浪费。

你说，人活着有什么意思？钱太多，钱就变得没有价值；位太显，位就显得没有价值；日子太多，日子就变得没有价值；工作太忙碌，工作就变得没有价值。不是，不是。这些不是真的没有价值，只是显得没有价值。到手的东西，永远不如未到手和无法到手的东西。比如时间，比如清风明月，比如卖花声，比如这一刻、那一刻看到的东西，却又转瞬消逝。比如忙乱一年，恰得宁静，猫却只肯偎我片刻，又起身跳开。我却愿为这片刻宁静，再起身忙乱一年。

因为我得了圆满。

而所谓的圆满，也许就是从心里把自己倒了出去，不再去忧虑、去想念，去忧愤，去向往，去恐惧，去希望。"我"不在了，附丽于"我"身上的这些东西，都不再构成扰乱和威胁。于是，无牵无挂，自由自在，一心如月。海上生明月，明月照花林。

深　渊

　　《比利·林恩的中场故事》的结尾，士兵们说回我们的老窝去。老窝不是老家，是战场。那才是他们应该在的地方，因为他们是英雄。他们得战死沙场，才能给家人留一笔抚恤金；美女爱的也不是留在国内、有可能无计谋生的她们。"英雄"这个东西，实在是掺杂太多的香精，假得动人。"英雄"的名号只是个山尖尖，下面是庞大的深渊。所以李安说，跟着我，我带你去看，每一个其貌不扬的普通人，都是一座深不可测的深渊。

　　一个女友，离异十年，独自抚养儿子，一个人过日子太辛苦，于是再婚。婚后发现第二任丈夫自己做着生意，只是一味吃她的，住她的，不肯分担一分钱的家用，于是再次离婚。离婚后这个男人又来找她，于是又同居。去年，她得了乳腺癌，做了手术。今年，那个男人买了新房子，居然把她接了过去，而且还答应每个月给她 500 块钱菜金——她现在好幸福！和我说话的时候，一个劲儿地笑。她说：我都没想到我得了这样的病，他还能不抛弃我；买了新房子，居然还把我接过去一起住；而且还答应每个月给我 500 块钱菜金。我以前有抑郁症，天天吃安眠药，现在都不用吃药也能睡觉了，真好。

　　她在黑夜里流过泪吧？她绝望得发过疯吗？她抑郁的时候什么样？

她失眠的时候什么感觉？这些我们都不知道，无从知道。你无法真正了解一座深渊。

看美剧《谋杀》，情节慢得厉害，永远下着雨的西雅图也让人不爽，但是又看得欲罢不能。就像缓慢地揭开一口口锅的盖，给人看盛在里面的苦汁：每个人都有秘密——罪恶、野心，压抑成伤，伤心成狂。

被杀女孩的前男友是凶手吗？好像是，可是不是，他只不过是一个玩世不恭的富家公子。被杀女孩的女同学也不是凶手，大家都知道她俩要好，却不知道她对被杀女孩充满嫉妒。老师也不是凶手，却干着不能被人知道的事。被杀女孩的阿姨，话少，利落，勤快，帮姐姐义务带小孩，可是为什么无人处，她却喝酒，抽烟，穿极高的高跟鞋，一脸愁容？女孩的父亲竟然以前是混黑社会的，而且他竟然不是女孩的亲生父亲，可是那又怎样？夫妻两个看了死去的女儿穿着新衣服的样子，回家路上，他说，车没油了，然后钻进加油站的厕所，呜咽得鬼哭狼嚎。出门后一脸平静，对妻子说走吧，这个站没有油。

那个执着的女警察，为了破案，不眠不休。她的未婚夫在另一个城市等她，但是等不到，于是亲事黄了；她的儿子跟着她居无定所，颠沛流离。她自己精神过度紧张，在一个案件中被送进精神病院；在这个案件中再一次被关进精神病院。为什么？第一个案件是一个小男孩，母亲被杀，小男孩一个人躲在橱里，七天。这个案子是一个十几岁的女孩子被人疯狂追杀，拼命逃跑，呼救无门。女警察第二次被关进精神病院时，心理医生说，你为什么在这两个案件中这么拼，难道不是因为你和这两个孩子很像？你五岁被妈妈遗弃，在黑暗里独自过了一夜；流离失所，辗转一个又一个寄养家庭，孤独彷徨。确实，这么拼着为这两个孩子申冤，难道不是为过去的自己主张？

一对年轻恋人因为感情问题上了一档综艺节目：男孩的父亲抛弃了年幼的他，他千辛万苦才长大。他的父亲后来再婚，生下一个残废弟弟，再次把弟弟抛弃。如今他想接弟弟来自己家里养，女朋友不肯，说我们可以给他钱。外人看着也觉得不可理喻，主持人和嘉宾也纷纷地劝。最后女友让他选择，是要弟弟，还是要她。结局还没有出来，我就已经明白，女孩用爱情押的宝注定失败，男孩一定会把弟弟接自己家里来，他根本不是在选择要爱情还是要亲情，他是面对小时候的自己，选择是救，还是不救。如果是你，救，还是不救？

世间的事情就是这样：别人看见你结婚了，却不知道你为什么要在这个时候选择这样的一个人结婚，你自己也未必知道真正的原因；别人看见你离婚了，却不知道你为什么要离婚，你自己也未必知道真正的原因。别人看见你做这样的选择，却不知道你为什么做这样的选择。你也许并不知道你爱吃米饭是什么原因，爱仰面朝天地睡觉是什么原因，喜欢粗鲁地说话是什么原因，喜欢偏执地思考问题是什么原因。你突然间的爆发真的是因为一句话，还是这句话触动了你的什么痛点？

脸谱化是各种宣传手段和文艺形式犯下的罪，它剥夺了人们理应有的千奇百怪的独自属性。如果人手一个水晶球，可以令人毫无察觉地看到别人的一切，那就有意思了。他必定会发现面前这个熟悉的人，其实自己一点都不了解。所有人他都不了解。熟悉的被解构，亲近的遭质疑，同一个事件也许有完全不同的结局，所以上帝和佛祖都不会把人给说死——他们遍观世昧，上帝说不要随便定人的罪，佛祖说放下屠刀，能够立地成佛。

好比是我，攻击性很弱，遇事只想逃，不想打，为什么？因为我父亲攻击性很弱。但是我在家里有时又会喑喑狂吠，毫无形象，为什么？因为我的母亲在家里就是这个样。我爹为什么攻击性弱？因为我奶奶一个人带着两个小孩过日子，受人欺负，不敢还手；为什么我娘会发飙？因为她从小没有娘，被父兄纵容，却无人教导。那么，再往上追溯，为什么我的奶奶会是那样性格？我的姥爷又是什么性格？我早逝的爷爷是什么性格，又是怎么形成的？

　　不能细究。深渊里浸着那么多的事，那么多的人，那么多的景象，那么多的回忆和细节，庞大，复杂，阴暗，牵扯。水里游弋的，水底沉着的，险恶又沉默不肯发声的，那都是些什么？

爱吃胡萝卜的狼

在山的那边海的那边，生活着一群狼。莽莽的林海里面，狼王蹲踞在一块高高的石头上，正在发表演讲：

"我们占据着食物链高高的顶端，我们的使命就是继承狼族的优良传统，誓为保护本土的正常食物链而斗争！我们要把自己锻炼成强者中的强者，我们吃肉的时候，别的动物只能吃素！"

"呜嗷嗷——"狼嚎声响彻大地。

头狼眼角的余光看见一只狼正伸手调戏一朵野花，于是雷鸣般的吼声再次响起："阿莱，你干什么！"

被点到名的阿莱吓得一哆嗦，赶紧住手，端端正正坐好。阿莱这家伙体态魁梧，脸又黑又狠，一副包公样，见着它的狼没一个不害怕的，但是它却有一个不可启齿的秘密，那就是：它不爱吃肉，就喜欢吃素。

群狼在森林边缘的坡地上打埋伏，准备伏击野猪。狼群的视线下方是几块远离村庄的农田。

午夜，一阵熟悉的窸窣声传来，野猪群到了。领头的野猪发出讯号，一大家子立即四散开扑向田野。红薯秧子掘一地，红薯白薯四散乱滚，咬上两口，呸呸，汁水太少！用长嘴獠牙将胡萝卜拱出来，咬个尖尖，嗯，味儿还不错！啊，这儿还有一畦大白菜，我们的最爱！于是，一片蔬菜被嚼碎的"咯喳咯喳"的声响就响彻了这片农田的上空,听起来就鲜嫩多汁的声音诱得阿莱大吞口水。

头狼瞅准时机,一声令下,狼群飞扑而下,野猪尖叫着四处逃窜,狼群四处扑杀。阿莱也在一块胡萝卜田里扑住一只小野猪,这家伙看他露出锋利的獠牙,顿时两眼一翻,给吓晕了。结果阿莱却把牙左转十五度,擦着野猪的脖子,直直插进那片胡萝卜田。

结果就是这样了:别的狼都在大啖鲜嫩的野猪肉,阿莱却在忙活着左爪子抱几块红薯,右爪子搂几根胡萝卜,还用后脚左踢一脚,右踢一脚,试图踢回去一颗大白菜。

头狼看得发晕:"你这是干什么?"

"啊,"阿莱喘着粗气回答,"带回去吃啊。"

头狼的脸黑得跟炭似的。

太阳升起来,群狼返回自己的窝。头狼和阿莱相对蹲坐,面前放一堆阿莱藏起来的私货:土豆、白菜、红薯、萝卜(包括红萝卜、白萝卜、青萝卜……天知道它怎么攒起这么多的)。

"阿莱,你怎么爱吃这些东西?"

"呜……"阿莱无法回答,反正从懂事起,好像就是爱吃菜的。

"好!"头狼下定决心,"你们大家从今以后给我好好监督它,必须让它改掉吃素的毛病。吃素的狼,传出去丢死人了!"

于是,阿莱辛苦储藏的素菜被扔了个一干二净,上一顿是鲜嫩的野猪肉,下一顿还是鲜嫩的野猪肉。

好想吃菜啊。

其间它偷跑过好几次,目标是上次逮野猪的那块农田,结果每一次都被堵了回来。终于有一次,阿莱突围成功,那片绿色的农田又在望了。"啊啊啊!"它激动得口水直流,一头就冲了进去。

突然,一枚针头嗖的一声钉上它的后背,它眼前发黑,一头栽倒在地。两个人类卸掉伪装，走到它跟前，拾起被啃了半块的红薯来看："嗯，不错，从没听说狼也吃素的，值得好好研究。"

阿莱不见了。

头狼一发现阿莱丢了，立马发动群狼去找。

好在地广人稀，交通不便，狼群追赶了大约三十公里，就远远看见阿莱被锁在一个大铁笼子里。大铁笼子装在一辆农用三轮的后斗上，向着一百多公里外的县城飞奔。狼群迅速逼近，高亢的吼叫声吓得三轮车司机的腿肚子转筋，司机把自己反锁在驾驶室里，打死也不敢出去。那个偶然来此地科学考察的生物学家看到远远的一群狼掀起的烟尘，也吓得尿了裤子。

生物学家战战兢兢地打开铁笼子，阿莱一跃而出，然后呲着森森的牙回头看了他一眼，眼中寒光尽现，生物学家没看出阿莱眼里的深意——我是吃素的，没胃口吃你，吓唬吓唬你啦。

午餐时间到了，群狼围着一只刚咬死的野狍子大吃。阿莱明显食而不知其味。

"怎么了？还想你那一堆菜？"头狼不知道什么时候踱了过来。

"……不想了。"

"哼。听着就勉强。"老大坐了下来，"阿莱啊，知道你为什么一定要吃肉吗？因为你是狼啊，狼就是要吃肉的嘛。你去吃素了，难道要那些小白兔来吃肉吗？你知道人为什么要活捉你吗？展览、卖钱，让大家看一头狼怎么啃胡萝卜，这还是轻的；更厉害的是麻醉！解剖！搞研究！就因为你吃素，不肯吃肉！"

一个个的惊叹号砸得阿莱晕头转向，忙不迭地承认错误："老大，我错了，我以后一定改，您看我的实际行动吧！"一边叼起一大块野猪排，拼命大咬大嚼起来。

夕阳西下，阿莱孤独地坐在山坡上。"唉，一头狼坚持自己的理想怎么就这么难呢?"

改邪归正的阿莱一边大口大口地吃着野猪肉、獐肉、狍子肉,一边还在偷偷回想被装在笼子里往外运时,途经的好几块胡萝卜田的方位。

《语文周报中考版》2011.2.2

小兔儿乖乖，把门儿开开

一个同事讲她儿子。下班回家，儿子不给她开门。她就唱："小兔儿乖乖，把门儿开开，我是你妈妈，我要进来。"小孩子神经过敏，和她对暗号："你说你是我妈，我看你是大灰狼。我妈的头发是长的还是短的？我们早晨吃的什么饭？"她气得笑："你妈头发是短的，脸蛋是黑的，巴掌是大的，我们早晨吃的疙瘩汤，你再不开门我中午请你吃蒲扇炒肉！"笑翻一车人。

我的小孩子也是拍着小手，唱着儿歌长大起来的。春天来了，孩子一字一句跟着我唱："小燕子，穿花衣，年年春天来这里。我问燕子为啥来，燕子说，这里的春天最美丽。"

莫说现在，燕子一直就是咱们的春天使者。20世纪初的旧中国的儿歌是这样唱的："小燕子，飞得高，身上带把大剪刀。上天去剪云朵朵，下河去剪水波波，剪根树枝当枕头，剪块泥巴搭窝窝。剪片树叶当被子，宝宝睡得暖和和。"

燕子来了，放开眼看，前方不远就是热闹的春天了："春天到，春天好，枝头花儿香，梁上燕子闹。遍地长绿草，牛羊乐陶陶。"

春情涌动，快八十岁的婆家姥姥也念叨儿歌："一九二九不出手，三九四九冰上走，五九六九沿河看柳，七九河开，八九燕来，九九加一九，耕牛遍地走。"真奇妙,儿歌这种朴素的语言真奇妙,我的眼前呼啦啦展开一片春耕图,杨柳轻拂,燕尾轻剪,水面上嘎嘎地叫着鸭子,而农人们在霏霏春雨中披蓑戴笠,吆牛耕田。

儿歌最是不做官样文章,不上台面,不要什么意义,所以活泼有趣:"小耗子,上缸沿,拿小瓢,舀白面,烙白饼,包瓜菜,不吃不吃吃两筷。"

而且儿歌也有它自带的社会背景,有心人可以从里面分析出一些东西。

"天不怕,地不怕,就怕老师叫爸爸。爸爸端起机关枪,哒哒哒,哒哒哒,哒哒哒哒哒哒哒……"这首儿歌诞生在大约80年代,正持重文凭,小孩子也难逃其殃,背着沉沉的书包,戴着瓶子底,咬着手指甲做不完的作业题。如果不听话,老师会联手家长共同实施治理。这个儿歌里的爸爸好凶啊。

"小呀嘛小儿郎,背起书包上学堂,不怕太阳晒,不怕那风雨狂。就怕先生骂我懒呀,没有学问无颜见爹娘。"这还是私塾年代的产物,能上得起私塾的除了富家子弟,就是为了改换门庭,再不受睁眼瞎的苦楚的寒门小户。吃穿尚顾不周全,还要牙缝里省钱供塾师的束脩,想来艰难。而穷人的孩子早当家,小孩子也格外懂事,不怕风吹日晒雨淋,就怕学不来本领傍身。自古英雄出贫贱,这句话不是白说的。那个画荷的王冕就是贫而求学,终成一代宿儒。人常说先立志后立事,果然如此。

现在的孩子不会干活,个个会耍赖,会发横,儿歌里也是这样子:"高老三,上茶馆儿,喝了人家茶,摔了人家碗儿(摔碗的动作),人家让他赔新碗儿,他给人家咯叽咯叽眼儿(挤眼的动作),红萝卜红萝卜切切切,白萝卜白萝卜捏捏捏……"这也是我家闺女常唱的,没有什么意义。

还有,"打箩箩,磨面面,舅舅来了做饭饭。擀面条,舍不得,煮面汤，丢人哩，做上一锅齐花面，舅舅喝面汤，我吃一大碗!"生活艰难时期，会有这种小心眼儿的，呵呵。

有些儿歌是白描出来的一幅一幅的画，画里深藏着平日看不见的忧伤。

不清楚台湾还是香港，有一首儿歌用做了电影主题曲的，歌词简单，里面的忧伤却很罕见："黑黑的天空低垂，亮亮的繁星相随，虫儿飞虫儿飞，你在思念谁……"是啊，虫儿飞，你在思念着谁?

陕西的儿歌："池塘的水满了雨也停了，田边的稀泥里到处是泥鳅，小牛的哥哥，带着他捉泥鳅，大哥哥好不好，咱们去捉泥鳅。"

为什么这样简单的情境会让人想起久违了的那个地方，我们通常称作故乡。

而我们的孩子在对儿歌的渐渐疏离和遗忘之中，渐渐长大。

《语文周报中考版》2011 · 3 · 30

先搬山，后摘花

20 年前，我在一所乡下中学教书。

有两个学生给我印象很深刻。

一个男生。黑瘦的瓦刀脸，小平头，不爱说话，看起来笨笨的。别的男孩子都像一团风，被生命力鼓荡得一会儿呼啸到这儿，一会儿呼啸到那儿，就他，走在路上，蚂蚁都不会碾碎一只。不是说慢，而是说走路都能细致出花儿来。一根柳树枝儿挡在他的眼前，换别人早一把掀得远远的，他不，轻轻拈起来，放到身后，一片柳叶、一茎柳毛都不会伤到——我初见这副景象，都看呆了，当即决定把副班长的位置交给他。一个班的副班长，事无巨细，都要求两个字：妥帖。这孩子别的本事我不敢说，这点绝对错不了。

事实证明，他也确实干得有声有色，因为他永远都是把工作战战兢兢地捧在手心里的，就像捧着枚脆薄的鸟蛋似的，生怕用劲儿大了，磕了，用劲儿错了，摔了。

一个女生。长圆的一张白面，细长的丹凤眼，长得很是漂亮。人缘也好，好像一块温暖的鸡蛋饼，谁见了都觉得是好的，香的，可口的。所以她总是很忙碌，今天和这几个人一起做作业，明天和那几个人一起跳皮筋，甚至还有为她"争风吃醋"的。

她平时没见多用功，课业居然也不错，这就是天资的原因了。就有一点，干什么事吊儿郎当的，总能找到一百条借口往后拖。有一次，我给两个人同时布置任务：每个人给我交两篇作文，一篇写人的，一篇写景的，我要拿去代表学校参加省级学生作文竞赛。结果男生的作文很准时地交上来，用那种白报本，在页面上按五分之三和五分之二的分界画了一道竖线，左边是他的作文，右边是空白，随时备我批注。很干净，很漂亮。而最后时限都过去两天了，女生才把作文交到我手上，是那种潦潦草草的急就章，上顶天下立地，跟下斜雨似的，别说我批改了，遍纸泥泞，连下脚的地方都没有。我的脸黑了：这几天干吗了？她就红了脸笑：她们找我玩……我无力地挥挥手，打发她走。人生一世，长长的几十年，人际关系像既长且乱的海藻，准有把你拖缠得拔不出腿，脱不开身的一天，你的生命中，有多少天够这么挥霍的？

　　十五年后。今天。

　　一群学生来看我，那个男生也来了，他已经是一所市重点学校年轻有为的副校长，沉稳细致的作风一直没变，只是风度俨然，男人味像好檀香，被岁月一丝一缕都蒸出来了。女生没来，她本是一所名不见经传的普通学校的普通老师，而且刚刚被"踢"到一所更边远的学校去，正忙着搬家呢。我问："以她的灵性，教学成绩不会差呀，怎至于到这地步呢？"同学们说："哪儿呀。她整天晃晃悠悠的，也不正儿八经地干工作，连着三年学生成绩都是年级倒数第一的。"

　　我没话说了。

　　"晃晃悠悠"，真精确。

　　通常，我们都不大看得起那种生活态度过于郑重其事的人，觉得他们笨，捧枚蛋像捧座山，透着一股子憨蠢；最羡慕那种做人做事潇潇洒洒的，好比白衣胜雪的浪子游侠笑傲江湖，浪漫、诗意。可是，所谓的潇潇洒洒，放在现实生活中，可不就是"晃晃悠悠"，凡事都不放在心上，凡事都觉得稳握胜券，就是一座山，也可以用一根小尾指轻轻勾起，抡出八丈远……

哪有那么便宜的事。

人的力气是随练随长的，假如一直举轻若重，到最后说不定真能举起一座昆仑；若是一直举重若轻，到最后，恐怕举一根鹅毛都得使出吃奶的力气。这既是不同人的两种不同态度，前一种人赢定了，后一种人必死无疑；又是同一个人的两个阶段：只有第一个阶段举轻若重，才轮得到第二个阶段谈笑间对手帆坠橹折；若是这两个阶段倒过来，"晃晃悠悠"、举重若轻的坏习惯则如泥草木屑，越积越厚，变成石头，砸肿自己的脚面。

生命促迫，不可回头，举重若轻者，搬山如摘花；举轻若重者，摘花如搬山。年轻的朋友，无论课业还是做事，都请千万要存一颗郑重的心，先学会用搬山的手势，摘取眼前的花朵。

　　　　　　　　　　　　　　♡　2013年语文中考仿真模拟试卷语文

第六辑
百花深处

话说天涯

　　天本无涯，相对于个体生命来说，远处即是天涯。天涯二字，比之天下，更有一种苍凉和悲壮，宛如身心放逐之地。一身所至，或墟里依依炊烟，或陌上绿绿柔桑，或澹澹沧海，或莽莽群山，或冰雪极寒之处，或炎热酷暑之所，或六月荷花盛开映日别样红，或中秋桂子羞放风飘十里香，无论怎样的繁华或是冷落，怎样的阜盛或是萧条，都不再是自己的家。

　　所以，一个行走天下的人，在内心的孤独之外，是不能不抱"天涯何处无芳草"的信念的，不然怎么能够有勇气迈出离家的第一步？而守在家里倚门盼归的人，眼睛望不了多远，心里却早已经望断了天涯路。

　　故乡是人们含在嘴里，想在心里，世世代代无法遗忘的怀念。而这故乡的概念，一辈子不出家门的人是无法体会的，也就是说，相对于守家的人来说，故乡并不存在。只有对于天涯游子，离家日久的人，家乡一草一木，一景一物，才统统打上故乡的标记，让人想望不止。换句话说，没有天涯，不来故乡，而故乡，原本就远在天涯。

　　《百年孤独》里有一个博学的加泰隆尼亚人，他为了逃避战争离开自己的家乡，来到马孔多，然后开始日复一日怀念家乡壁炉里嗞嗞冒气的汤锅，街上咖啡豆小贩的叫卖声和春天里飞来飞去的百灵鸟。这种怀念，直到他终于踏上故土才终止。取而代之的，是开始怀念马孔多书店后面暖融融的小房间，阳光照射下沙沙作响的灰蒙蒙的杏树叶丛，令人昏昏欲睡的晌午突然传来的轮船汽笛声。两种怀旧像两面彼此对立的镜子，相互映照，折磨着他自己。对他来说，故乡永远在天涯，最美的永远在天涯。就像人们常说的，得不到的才是最好的。张爱玲也说，得到了白玫瑰，白玫瑰就变成粘在衣服上的一粒饭粘子，而红玫瑰就是心口永远的朱砂痣；得到了红玫瑰，红玫瑰就变成墙上一抹蚊子血，而白玫瑰就是床头永远的明月光。

最远的天涯，既不能从时间，也不能从空间上来判断，而是人相对，心隔墙的咫尺天涯。

像一个女作家所说的：我站在你的面前，风吹动我的长发，你却不知道我在爱你。另一个人完全不知情的情况下被爱慕，被思念，是不以为苦的，苦的是那个无法启齿诉爱的人。这也是一种天涯，是一个人的天涯。

多少恋人，爱人，情人，因了诸多原因，转身离去，这一转身之后，再没有昔日的温馨和激情，再没有以往的欢笑和泪水，或许从此之后再不相见，或是见面之后形同路人，顶多客客气气寒暄几句。两心的分离，就构成了世界上最远最远的天涯，这是两个人的天涯。

无论哪种天涯，只要是两心之间，都远过万水千山，洪荒大漠。正像古人所说的：人远天涯近。脚步可以丈量无限的距离，却走不到一个人的内心深处。这是什么样的悲哀。

想起幽栖居士朱淑真的一首字谜诗，是写给她变了心的丈夫的："下楼来，金钱卜落；问苍天，人在何方；恨王孙，一直去了；罢冤家，言去难留。悔当初，吾错失口；有上交，无下交；皂白何须问；分开不用刀；从今莫把仇人靠；千里相思一撇消。"当时鸳鸯交颈，今日孤枕独衾；当时唱和酬答，今日寂寞梧桐；当时举案齐眉，当窗理云鬓，今日雾鬓风鬟，怕向人多处去。当时咫尺，今日天涯。两颗心的遥远，充满让人无能为力的酸辛。

又想起了那个懵懂勇敢的小女子斯佳丽。阿希礼对她来说，是永远的天涯，两颗心跳从来不是一个节奏，入了梦的，也不是一样的愿望和梦想，尽管她追求得那样的辛苦，却无法看进对面而立的这个忧郁的男人的眼睛里去；而她对于瑞德来说，也是永远的天涯，这个博学睿智，阅人无数，经历丰富的男人，也无法走进一个任性的小女孩子的内心，哪怕他那样的费尽心机，让自己的心被斯佳丽猫一样的爪子抓得伤痕累累。到了最后，斯佳丽幡然醒悟的那一刻，瑞德的心已经冰凉而坚硬，如同石头，她的回头和他的转身而去同时发生，两个人仍旧构成一个无法到达的天涯。

这样的事情，举不胜举，让人悲哀。换不回的人心，走不进的灵魂，丈量不完的天涯路。

还有一种最近也最远的天涯，就是相见争如不见，有情总似无情。两心暗相悦，却无力表白。一层窗纸隔开的两颗心，仍旧远似天涯。

一个朋友的个人资料里的诗，是对天涯的最好诠释："东边路、西边路、南边路，五里铺、七里铺、十里铺，行一步、盼一步、懒一步。霎时间、天也暮、日也暮、云也暮，斜阳满地铺，回首生烟雾，兀的不、山无数、水无数、情无数。"

情在一日，天涯就永远存在。只有什么时候理智统治了这个世界，才会泯灭一切的界限，包括时间，包括空间，包括感情。那么，也就不会再有打起背包走天涯的豪情和悲壮，不会再有人远天涯近的感喟和叹息，不会再有回首一望故乡月的怀念和向往。可是，谁又愿意做一个冷冰冰的机器人呢？只好任这永远的天涯，走进心的角落，占据一隅，并且阴天下雨的时候，隐隐作痛。

纸回唐朝

"赐裘怜抚戍，吟鞭指灞桥。"明知道朝朝怜抚戍，代代有灞桥，偏一读这句诗，一下子梦回唐朝。

爱唐朝，爱它的扬扬意气，少年壮游，爱它的词赋满江，灞桥折柳。那是一个怎样的时代，每个有梦的人都可以仰天大笑出门去，做官的，务农的，经商的，诗人，个个都辗转天涯不肯归，不能归。

所以唐朝多离别，你看那柳丝儿轻拂，今朝被多情人折一枝两枝，明天就被带到千里万里，"枝头纤腰叶斗眉，春来无处不如丝，灞陵原上多离别，少有长条拂地垂。"有些暗笑，柳丝这东西绿得不久，拿在手里不一时就要蔫萎，送别的人偏有心情搞这套郑重的仪式，别离的人偏有心肠把它拿在手里，那个年代的人，偏有这番情怀如诗。

"河亭收酒器，语尽各西东。回首不相见，行车秋雨中。"相送相别时际，天上下的哪里是雨，分明行行都是离人泪。下雪更其难过，"轮回东门送君去，去时雪满天山路，峰回路转不见君，雪上空留马行处。"这一刻还举杯劝饮，下一刻你西我东，自此后饥饱寒暖、快乐忧伤、穷通际遇一概不晓，人有情处争奈天地大无情。

游子啊，就是这个样子，此身如寄，如云，如响，如飘萍，进山入川，谒庐拜墓，探望朋友和结交朋友，一路上仗剑徒步，无论得意失意，一身皆于当行处行，不得不止处止。山高海深，炎炎赤日，雨雪霜欺，一片冰心付与诗。

"月落乌啼霜满天，江枫渔火对愁眠。姑苏城外寒山寺，夜半钟声到客船。"客船一宿，一灯如豆，夜半钟声"当——当——"响起来，响起来，一霎时天悠地远，山野空旷，叫我一个人怎么消受这番寒凉。

走累了，远远一处酒望，门前开着橘花，喷吐丹霞，一霎时间心情喜悦，诗兴大发，挥笔写下："野店临江浦，门前有橘花。停灯待贾客，卖酒与渔家。"

和尚更是天地如寄，无牵无挂，走到哪里哪里为家，写出诗来也烟霞闲骨骼，泉石野山崖。"落叶已随流水去，春风未放百花舒，青山面目依然在，尽日横陈对落晖。"你看这大师一步步走到春天里，一眼眼看的是农夫牧童，细雨霏霏，"烟暖土膏农事动，一犁新雨被春耕。郊原眇眇青无际，野草闲花次第生。"这一刻情怀，想必也在青灯古佛黄卷之外。

所以说古人的诗不能多读，多读会不安于室，向往野草闲花，向往奇峰怪石，向往明山秀水，向往那个遥远的年代。心野处忙不迭打起行装，探寻我那有梦有诗的远方。

到了才发现星移斗换，一切于不知不觉间悄悄改变。接天莲叶还在，映日荷花也红，可是八百亩方塘处处笙歌处处随，一群群带着红帽子黄帽子打着小旗的游人，一伙伙卖纪念品吆吆喝喝的摊位，驯狮驯虎驯鳄鱼……

周国平说："从前，一个'旅'字，一个'游'字，总是单独使用，凝聚着离家的悲愁……每当我看到举着小旗、成群结队、掐着钟点的团体旅游，便生愚不可及之感。现代人已经没有足够的灵性独自面对自然……"确实如此，确实如此。

当自然成为风景，风景被设置成"点"，"点"被不衫不履地推陈与出新，荷花淀翻成人妖表演场，佛国五台处处都是假和尚，旅人何在？

游子何方？自然呢？哪里还有自然？无非是挤到那人挤人人看人的去处马不停蹄走上一圈，照几张相，吃一顿所谓的特色小吃，心满意足回来。"何当共剪西窗烛，却话巴山夜雨时"的团圆于今随处可得，夫妻每相逢处"今宵持向银釭照，犹恐相逢是梦中"的轰然欢喜已如墙上泥皮，风侵雨蚀，面目全非。这个时代提供一切便利的同时，也顺带着消磨掉所有诗意。

这真不是一个作诗的年代，就是背上锦囊，也写不出一句诗来。如诗的情绪来不及产生就已经消逝，烦乱的脚步让人忙碌和疲惫，上哪里再找真正的青山绿水，红花莲子白花藕来？折柳已成绝响，忧伤来不及产生就已如烟消散，只有一路的咚咚锵，咚咚锵……

"今宵杯中映着明月男耕女织丝路繁忙，今宵杯中映着明月物华天宝人杰地灵，今宵杯中映着明月纸香墨飞辞赋满江……沿着宿命走入迷思仿佛回到梦里唐朝。"

月圆月缺，花开花谢，彩妆啼眉，青山绿水，大千世界无情绪，我还是翻开诗词，纸回唐朝。

百花深处

　　董桥属文，引一位女士的信，说她曾住过的东总布胡同楷柿楼里的花讯："偶尔有点儿不冷不热的雨，庭院里花事便繁：玉簪、茉莉、蜀葵、美人蕉，白白红红，烂漫一片。半庭荒草，得雨之后，高与人齐。草长花艳，也是一番景致，不知足下此刻可有赏花心情？若得高轩过我，当可把酒药栏，一叙契阔。"

　　引人怀旧。

　　小时我家住乡村，民生凋敝，高房大屋少，里弄小巷多。以村中央一口甜水井为中心，往外布射着条条小胡同。

　　天蒙蒙亮，我爹便用一根颤悠悠的枣木扁担，挑两只铁皮桶，扑踏扑踏，步出胡同，胡同口的大槐树衬着天光，是一团阴阴的影。青石砌起的井台被多少代乡民的鞋底磨得锃亮，旁竖木辘轳，辘轳上一圈一圈缠粗麻绳，绳端铁钩，我爹把它钩住铁桶提系儿往下一悠，再单手拧着辘轳把往下倒，吱呀，吱呀。桶落水面，咚然一声，接着听见咕嘟咕嘟桶喝水的声音。待它喝饱，再双手慢悠悠往上摇，吱呀，吱呀。老槐树上掉下一粒两粒青白的槐花。

　　我爹挑水前行，身后水迹弯弯曲曲——胡同不直，乡民把土坯房随性而建，东凸一块西凹一块，搞得胡同也东扭一下西扭一下。乡民聚族，当时整一个胡同都是"闫"姓。把住胡同东口的是大爷家，大爷的岁数倒是不大，辈分大，喜抽亲手卷的叶子烟。五十余岁即去世，在他去世前一年，大儿子跑到乡里办事，办完事蹲在路旁的石碌碡上抽烟，一辆大卡车卷他进车底，收拾残骸不成人形。大爷一夜老十年。我对他家最鲜明的印象是猪圈，因大爷喜欢蹲在圈檐抽烟，猪对着他哼哼。我背着花格布书包，天天上学放学都看见。

把住胡同西口的是大娘家，大娘是个寡妇，独力拉扯大了二女一男。大女儿初嫁到外地，珠光宝气，手里攥着花一万多块买的大哥大，好似板砖。数年后早逝。二女儿漂亮，嫁了人后包了金牙，喜吃生炸的饺子，打公骂婆，颇凶悍。儿子天生瘸腿，如今五十岁，动不动问他的老娘："光吃饭不干活，你咋还不死？"我在路上见过他，唯一的儿子不知何事正蹲监狱，满脸胡子拉碴。

再进去路东是牲口圈，几间畜栏，无朝无暮地散发着马粪气。路西便是我家，碎砖的墙，土夯的院，院根有阴阴的绿苔。小方格的木窗，一个格里贴一张窗花，兰花，抱绣球的猫，小老鼠上灯台。日晒雨淋，是旧旧的黄红。正屋三间，灶屋一间，秋忙时节，大人顾不上我，我就在灶屋的柴火上睡觉。夜晚大人酣眠，我大睁着眼睛，看窗外的大树在窗纸上画出簌簌的活的影，胆战心惊。

胡同是把勺，我们这三家算是勺柄，再往里勺头部分也生活着三户人家。

一户是我的亲叔叔，他家门外有个巨大的青石碾盘，碾盘上有碌碡，碾谷碾麦。七八岁那年，大冬天耍顽皮，我跑到他家的房顶上，两腿耷在房檐，鞋带开了，低头系鞋带，啪！整个人正正地拍在碾盘上，像贴烧饼。躺了半天，才喘匀一口气，爬起来跌跌撞撞找我娘："娘，娘，我从房上摔下来了！"我娘立马抱我找郎中，老郎中看了看，说没事没事，让孩子躺下缓缓。现在想想，人小骨嫩，且穿着厚棉袄，又避开了大石碌，真幸运。

一户是我的堂伯。我对他家的猪圈也是大有印象，他家猪圈是空的，不知道谁扔了一个丝瓜，我奶奶哄我爬下去，拾上来，剁剁当了包子馅。

另一户也是堂伯，他家有个很凶的奶奶，小脚像锥子，下雨走在泥地的院里，一走一个深深小小的坑。有一次好玩叫了一声她的名字，她领着一大家子打上门，要跟我这个五六岁的娃娃算账，说老人的名讳是你这个小狗蚤叫得的吗？

胡同里活的人烟气腾腾，偏偏胡同里的墙根下，家家内墙四围，土做的庭院边上，栽种着种种的洋姜花、大丽花、指甲花、玉簪花、茉莉花、桃花、杏花、梨花、李花。春暖时节，花事繁盛，给整个胡同都罩上一层百丈红尘撕不破的静。

现在老年人一个两个三个地作了古，青石碾盘莫知所踪，甜水井莫知所踪，陈旧的、雕着花的、不知道哪年哪辈传下来的八仙桌椅莫知所踪，画着猫瓶（一只猫守着一瓶花）的躺柜莫知所踪，提梁的茶壶、手织的棉布、我自己亲手绣的金鱼戏莲的手帕，都已经莫知所踪。那些鲜鲜的，不名贵的，热闹却又超出世尘的花，也莫知所踪。

整条闫姓胡同已经不在，张姓胡同、赵姓胡同、李姓胡同……都已不在。整个村庄搞规划，横三刀竖三刀，刀刀砍得胡同老，且又处处在盖高楼，这时候读汪曾祺的《胡同文化》："有名的胡同三千六，没名的胡同数不清……"就不知道该哭还是该笑。

无数乡村的无数胡同，在世亦无名目，消亡更无名目可资留念，怅望低回也只属于我这样的中年人，年轻人对于胡同，实实的无印象，连带亦无感情。

"撑着油纸伞，独自彷徨在悠长、悠长又寂寥的雨巷，我希望逢着一个丁香一样地结着愁怨的姑娘"，诗名"雨巷"，其实也不过就是想在长长的、下着雨的胡同里逢着一位诗意的姑娘。如今胡同不在，没有槐叶和丁香的芬芳，也看不见撑着油纸伞的结着愁怨的姑娘。这样的诗亦不会再有，文亦不会如春草，更行更远还生。

老巷不在，旧宅不在，花叶不在，天边斜阳和连天的衰草亦不在，改变的不独是人的心态，亦是中国文学的生态。

有句英文这样说："Now sleeps the crimson petal，now the white"，意即"绯红的花瓣和雪白的花瓣如今都睡着了"。董桥又写过一篇《胡同的名字叫百花深处》，文章未见多么风致，篇名却无限婉约。百花凋敝，胡同也湮灭进浩浩光阴，就像花瓣入了睡梦。

追忆甜蜜时光

年龄渐长，口味渐变，以前与甜蜜几乎不共戴天，20世纪70年代，少吃缺穿，偶有一点槽子糕、薄脆（不是那种炸得又薄又脆的油饼，而是又薄又脆的大饼干）一类的点心，宁可把它们放得长了毛，发了霉，也绝不愿意吃它一块，更钟情的是咸香可口的饭菜。到现在处处可见点心卖，不再奇货可居，居然对它发生空前的兴趣。不必说吃，就是读到写在纸上的"月饼、元宵、蓼花、麻叶"等字样，都会从心底泛上细细的温情，宛如好时光迤逦走来，好桃花遍地开。

此生也无福，过去的点心，有一大部分现在根本看不见，如油头粉面琼瑶鼻的古典美女，只能从文字里偶一领略。隋人的《食经》就记了好多的漂亮名字：折花鹅糕、紫龙糕、乾坤夹饼、千金碎香饼……到了大唐，不愧盛世，穿也好穿，吃也好吃，点心点心，不过就是点点心意而已，居然也吃得花样百出：水晶龙凤糕、金乳酥、曼陀样夹饼、双拌方破饼、加味红酥、雕酥、小天酥……透着华丽晶莹，肥美有趣，像唐画中的贵族妇女，裙子系在腋窝里，拿一把小小的纨扇，八字宫眉捧鹅黄，一身的富贵气。

及至宋代，理学也来了，女人的脚也不许迈出大门二门了，就连穿的衣裳都左三层右三层，不许露肉了，世风日渐谨慎，描述北宋都城汴京人文风情的《东京梦华录》，里面记载的点心也退去华裳，觌面相见：糍糕、麦糕、蒸糕、黄糕、髓糕、油蜜蒸饼、乳饼、胡饼、油饼、芝麻团子、炊饼——无非是蒸出来的，烤出来的，小麦面的，黄米面的。

到了南宋，"暖风熏得游人醉，直把杭州作汴州。"人人都像喝了一坛醉生梦死酒，家也忘了，国也忘了，偏安一隅就当自己已经定鼎天下，可以放心大胆吃喝玩乐了，所以记述南宋社会风土人情的《梦粱录》和《武林旧事》里，民间糕点的名字都变得璀璨起来：镜面糕、牡丹糕、荷叶糕、芙蓉饼、菊花饼、梅花饼、麦糕、雪糕、乳糕、蜜糕、豆糕、线糕、花糕……

我感兴趣的是花糕。你看那《水浒》上，"吴学究说三阮撞筹，公孙胜应七星聚义"，阮小七问店小二有甚下酒菜，小二哥道："新宰得一条黄牛，花糕也似好肥肉"，好比方，好手段，好推销。漫说那时小二不可能知道国外描写最嫩的牛肉用的是"大理石"来比方——因其极类云母石的纹理，就算知道，估计他也不肯：两者联想，除了形似，别的都不登对，大理石这种冰凉梆硬、啃不动咬不动的东西，怎么能跟嫩牛肉相对？哪如嫩肉对花糕，听着就叫人垂涎三尺，肉也多卖出三五斤去。

只是，花糕是什么糕？是不是把鲜花瓣蜜渍以后，掺进糯米里，蒸出来就叫花糕？菊花下来做菊花糕，桂花下来做桂花糕，要是玫瑰花下来呢？是不是就可以做玫瑰花糕？清代竹枝词里专门写到一种重阳菊糕：

"重阳须食重阳糕，片糕搭额原儿百事高。此风不自今日始，菊糕滋味堪饱老饕。"

《海槎余录》中还有"丹桂花糕"："丹桂花采花，洒以甘草水，和米春粉，作糕，清香满颊。"

据说花糕原本是杭嘉湖一带常见糕点。春天采青，搓揉取汁为色，黄色则取陈年老南瓜，再把这两种青黄原料各与米粉糅合，另外再和原本白色的米粉团相间杂后揉成藕节粗细，上笼蒸熟，这也叫花糕。其实并无鲜花入糕，"花糕"的意思不过是"花搭着颜色的糕"。吃时将花糕切片，草青、米白、瓜黄，三色变幻，如云一般，春天气息扑上人面。

有花糕就有花饼，中国真是一个讲风雅有趣的民族。

春暖花开，玫瑰也香，藤萝也盛，正好做饼。花饼馅子就是蜜饯后的鲜花瓣，佐以百果馅等，白面酥皮包起烘焙，熟后再在饼面撒鲜花瓣。香，甜，漂亮，好看，人人都成了嚼雪餐英的雅士，要的就是这份上不着天，下不着地，晕晕乎乎的神仙劲。所以南宋就有芙蓉饼、梅花饼，到了清代，南果铺里绝对少不了鲜藤萝花饼。有的糕点铺长期包购大花园子的鲜花，就为的自家的花饼做得好，卖得动。这么说起来，我很遗憾自己没能包下《红楼梦》里贾府的大观园，你看看那里的玫瑰、蔷薇、月季、宝相、金银藤，多茂盛。李纨她们只想着晒干了卖给茶叶铺赚钱，要是做成点心该多好！这些个王孙公子本来就水晶心肝玻璃人儿，吃了花糕花饼，还不更加花为肠肚，雪作肌肤，逸兴遄飞，吟诗作赋？

其实，所谓点心，富贵人家是不拿它当饭吃的，《红楼梦》里的那些个松瓤鹅油卷、奶油炸的各色小面果子、鸡油卷、菱粉糕，就如凤姐头上的朝阳五凤挂珠钗，起的就是装饰作用，有则有矣，无则无之，打什么要紧？至于普通老百姓，更是不能当饭吃——吃不起，只能应时到节，偶尝甜蜜：

过年吃年糕，糯米或黄米磨粉蒸糕，上缀红枣儿，这是典型的粗放型北式年糕；上海有排骨年糕，江浙有桂花年糕，福建有芋芳年糕，广东人蒸年糕的竹笼好大，有钱人家能用几十斤米做成一个大年糕——阔了，吃东西不是讲究"大"，就是讲究"小"，就像贾府里一寸来大的螃蟹馅小饺儿。

正月十五吃元宵。刚开始的元宵就是一个圆圆的实心糯米球儿，吃的是好汤水，加白糖、蜜枣儿和桂花，甜、糯、清香；后来才有了包糖馅的元宵，再后来甜咸皆备、荤素兼有。糕点铺卖汤圆，现打现卖，伙计们一边卖一边吆喝："桂花味的元宵呀——个大馅好咧——""一个来呀，两个来，三个来呀，让您老大发财啊……"

五月端午要吃粽子，有枣儿的，没枣儿的，放火腿的，放脂油的，甜的，咸的，荤的，素的，用竹叶或箬叶包成三角的、四棱的、枕头样的……

入夏，百花齐放，鲜玫瑰花饼、鲜藤萝花饼、鲜牡丹花饼，一应娇贵佳点如二八佳丽，雨后春笋，乘香风而来，驾香风而去。

八月十五吃月饼，"小饼如嚼月，中有酥和饴。"末代皇帝溥仪曾赏给总管内务府大臣绍英一个大月饼，直径二尺，二十来斤重，由外至内，图分三层，花草果实、良田沃土、月宫图，就连月宫中的亭台殿阁都清晰逼真，桂阴下的玉兔栩栩如生，像是真兔子。

九九重阳吃花糕，入冬以后，大米面的蜂糕、蜜麻花、姜汁排叉，你方唱罢我登场。

舅公是个老北京，真羡慕他的好口福：大八件、小八件、萨其马、油炸糕、糖耳朵、烫面饺、大薄脆、豌豆黄、油酥烧饼，还有可人心儿的艾窝窝："白黏江米入蒸锅，什锦馅儿粉面搓。浑似汤圆不待煮，清真唤作艾窝窝。"……

喜欢上海人的生煎馒头。上海人爱生煎，把带馅包子称馒头，生煎来吃，平底锅刷素油，一边煎一边喷喷水，快熟时候往馒头上撒些黑芝麻和香葱末提味。底皮金黄酥脆，上面白嫩油亮，松软适口。生煎馒头讲究趁热吃，馅心卤汁多多，却不油腻，齿颊留香，吮指回味。

西施的故乡诸暨还有样好东西："西施舌"。别误会，是点心，不是海产里的贝类。点心师把糯米制成上好的水磨粉，再拿它做皮，包上桂花、金橘、青梅、枣泥、核桃仁等果料配成的馅心，然后在舌形模具中压制出的一种小点心。粉白如月，"舌"尖上还略施粉红，故得美名"西施舌"，风韵骄人，不输美人，或蒸或炸，皆可食也。

清才子袁枚在其所著《随园食单》里，告诫人们要"戒目食"，那意思是怕你一气摆上一大堆，吃一看二眼观三，贪多嚼不烂。你看《金瓶梅》第四十三回，写吴月娘与乔大户娘子攀亲，宴请皇亲乔五太太等吃饭，"前边卷棚内安放四张桌席，摆下茶，每桌40碟，都是各样茶果甜食，美口菜蔬、蒸酥点心、细巧油酥饼馓之类。"这不过是筵席的前奏，一气摆上四十碟茶果，哪里吃得了！既豪奢，又恶俗，更糟蹋东西。

　　你看皇帝吃饭，菜多，肉也多，珍品异味多，南北糕点也多。依照定例，御膳、寿膳每餐要呈四盘蒸点心、四盘烙点心，油炸小食的数目不一，少则三四盘，多则十盘八盘。面点中的馒头、蒸饼、枣卷每膳必备四盘，另如黄糕、黄白蜂糕、开花馒头、金丝卷、银丝卷、荷叶饼、肘丝卷等其他花色是每膳轮流呈进。可怜的皇帝被吓也吓饱了，哪里顾得上吃。啰啰唆唆摆上一大桌，再川流不息朝回撤，这些精心制出来的菜点也如他后宫中待幸的美人，绝大多数是乘兴而来，败兴而归，捞不着御口一品。

　　即如现在，点心上来，怕也没有多少人感兴趣，兰花指翘起，轻拈一点，似有若无，蜻蜓点水。过去对它的渴望早已化风化水，想来眼前的软玉温香怀抱满，也不如当初的妙目一眄。

　　也许，我感兴趣的也不是吃，而是一种事关甜蜜的集体民族记忆，也可以说，我是在替整整一代人追忆过去长长历史中的甜蜜时光。

曾是清明上河人

天色微明，睡眼半睁，住在东京汴梁的城郊，听不见和尚头陀走街串巷报晓之声，不知道是"晴"是"阴"。然鸟声啾啾，绿树染窗，这样天气，正好出门。

11 世纪中叶的北宋，"澶渊之盟"早已签订，辽国的战事也告平息，虽与西夏国时有摩擦，不过影响不了大局，那场灾难性的"靖康之变"还远远没有到来，昏庸的道君皇帝和高衙内之辈更要到世纪末才会登上历史舞台。现在正是海晏河清，天下太平。穿了长长的背子，腰间束帛，布袜青鞋，手拿一把油纸伞，荷包里带一些散碎银两，走，进城去。

一路上薄雾疏林，茅舍掩映，河流穿树绕屋，蜿蜒前行，两岸杂花芳草，蜂蝶营营。猛见一树好桃花喷火蒸霞，映红了人面。正是清明时节，家家上坟扫墓，时有俏妇人银装素裹，哭爷哭娘，轻薄子难免戏嘲乱唱，有《竹枝词》为证："舞蝶纷飞化纸钱，谁家少妇哭坟前？行人轻薄争相谑，笑谓嘤嘤似杜鹃。"

越往前走，行人渐多，两个脚夫赶几头毛驴，驮着炭篓子，"嗒哧嗒哧"地也往城里前进。一队人马，一乘花轿，是真正的"花"轿，轿围全用鲜花秀朵装饰一新。新郎官骑红马，脚夫挑嫁妆，另有人抱着新娘的梳妆匣，里面想必盛三五片胭脂，一两支碧簪，想想都好看。

路边居然还有劳务市场，劳工聚集，或坐或躺。一乘轿子已经起肩，另一乘轿子正在待租。两个人为抢生意打了起来，你给我一拳，我踢你一脚，为了几文脚夫钱舍命相争。一个算命的精明得很，居然在这里盖了一间房子，掐指说些子丑寅卯的鬼话，生意还挺兴隆，且多是推算财运，可见黄金白银任何时候都是人的心头好。

　　河面渐阔，船舶渐多。远远就望见汴河拱桥横跨两岸，势如飞虹。桥身之宽，能容数车并行，高到就连最大的船舶都能过得很轻松。大桥跨度用整根整根的木材并列铆接榫合起来支撑，桥面是成排链固杵紧的木料，真不知道工程师怎么设计，工人怎么建造，够精，够妙！

　　桥上行人摩肩接踵，小贩争相揽客，纷纷卖弄自家的好货品。一头乡下毛驴本来静等卸货，一扭头发现对面茶馆前也拴着一头驴，立刻发出"昂昂"的求偶声。两头驴一见钟情，奈何茶馆驴缰绳太紧，挣不动，于是这头乡下驴干脆撒开四蹄狂奔，吓得四周人惊叫一声。幸亏车夫眼疾手快，一把揪住驴缰，赏它两鞭，一个不知道躲闪的小孩子才免去一场大难。这边热闹，惊动了那边茶馆里的茶博士，也不敬茶，也不对客人应酬，也顾不上看杂耍人一上一下辗转腾空，只顾张大嘴巴呆看二驴调情。还不如近旁农舍里的两头牛，只顾嚼草，与世无争，一副出家人的德行。

　　桥上驴马相争，桥下舟楫相争。远洋货轮船大货多，都有自备舟师——这可是大人物，会看罗盘，会辨风向，"远见浪花，则知风自彼来；见巨涛拍岸，则知次日当起南风；见电光则云夏风对闪。如此之类，略无少差。"一船人的身家性命全系他身上，拿高薪也是应该。码头上人头涌动，上船下船，装货卸货。有的干脆跑到汴河大桥上，探出身子，挥舞手帕，冲着到港的客船大叫亲人的名讳。一个船老大刚结完账，正紧着要上船开路，半路上碰巧遇见熟人，一边急匆匆寒暄话旧，抱拳行礼，一边脚不点地，奔自己的船只而去，委实称得上高效。除了大小货船，还有游船画舫，文人雅士一边狎妓饮宴，一边诗文酬唱，秾桃艳李与清茗雅趣并举，也算一大景观。

下桥上街，街再宽阔也架不住人多，马多，车多。且不说牛马车、人力车、太平车、平头车，挤挤挨挨，形形色色；人烟稠密处，有做生意的行商坐贾，有看街景的士子乡绅，有骑马的官吏，仪仗开道，威风凛凛，只可惜养尊处优惯了，眼见得疆界日缩，外患日盛，怎么保家卫国！有叫卖的小贩，有坐轿子的眷属，有背背篓的行脚僧，有问路的外乡游客，有听说书的街巷小儿，有酒楼中狂饮的豪门子弟，有城边行乞的残疾老丐，将身委地，尘灰满面，晚景凄凉。世界大都，万民来朝，几乘骆驼驮着西域商人的货品也来凑热闹，长得跟西域人一样，深目高鼻，有夷人状。

商家铺户遍地开花，茶坊、脚店、庙宇、公廨、医药门诊、大车修理、看相算命、修面整容，个个生财有道。香油加工作坊里面，石磨"咕隆咕隆"转，从芝麻里挤出油来，香飘十里。绸缎庄里各色彩绸布帛放满柜台和墙壁。一个摊贩摆着藤筐竹篮，又耐用，又轻巧。一个做灯笼的生意兴隆，前脚刚有人买了一个，小贩已经忙着招呼另一个买主了。肉铺更其多，哪一条街上没有三五家门面？哪一家门面不是伙计三五个？不是郑屠就是王屠、张屠之类的，生肉熟肉，阔切、片批、细抹、顿刀，悉听尊便。

花柳繁华地，温柔宝贵乡，肉铺多，饭铺也多。有钱的去遇仙店，这是汴梁城内大名鼎鼎的酒楼，有青楼女子倚栏卖笑，丝竹乱耳，锦绣盈眸。银瓶酒七十二文一角（即一提子），羊羔酒八十一文一角，那是相当贵的。吃客也豪奢，两人对饮也要用一副注碗，两副盘筶，五张果碟，五张菜碟，再有水菜碗三五只，加在一块，就要花费白银近百两。平头百姓吃不起，也不必穷凑热闹，干脆打道包子店——这种小吃店专卖灌浆馒头、薄皮春茧包子、虾肉包子、鱼兜杂合粉、灌熬棒骨之类，花上三五十文，也能吃饱。更有小孩子穿白布衫，戴青布头巾，挟个大白瓷的菜缸子，吆喝卖自腌的辣菜，一份不过十五钱，便宜得很呢。

大街上还有很多饮子店，这种东西既当茶又当药，很有趣的。油饮子、地黄饮子、蔷薇饮子、黄檗饮子、羚羊角饮子、枳壳饮子、葛根饮子、消热饮子、大黄饮子、生熟饮子、草果饮子，咸咸俱备。若是暑热天气，还会添上冷香饮子、清凉饮子。开店的成本不高，有店面可，无店面亦可。将来我若在城郊住厌了，也可以考虑在汴梁城找棵大树，在底下支个太阳伞，然后摆上一桶饮子，挂个招子，就可以开张大吉，挣俩零钱儿花了。

在包子店吃过简单的午饭，天尚早，闲逛无趣，一头钻进杂技场，看熊翻跟斗，乌鸦下棋，蜡嘴鸟衔旗跳舞，拜跪起立。蚂蚁角武有意思：黄、黑两色蚂蚁，插旗为号，一鼓对垒，再鼓交战，三鼓分兵，四鼓偃旗归穴。乌龟叠塔更有意思：乌龟七只，放在案上，击鼓使它们会意，于是最大个儿的乌龟最先爬到几案的中心，趴下，一动不动，第二大的登上它的背，如此这般，一直到第七个最小的一个，登上第六大的背部，竖起身子，把尾巴撅起来向上立起，就像一个小铁塔，类似活人表演的叠罗汉。最奇怪是蛤蟆说法：在席中放置一个小木墩，蛤蟆九个，最大的一个两脚拉胯地坐在上面，八个小的左右两边相对成列，大蛤蟆叫一声，众蛤蟆也跟着叫一声；大的连叫数声，小的也一样。接着小的一一来到大的跟前，点头作声，如做敬礼状，唯唯而退。可见万物有灵，只要驯养得法，皆能遂人心。只是这样奇技淫巧，若是用来谋生则可，若是闲玩，不知道要占用多少宝贵的精气神。

走在街上，须步步当心。忙人多，闲汉也多，专会设美人局、仙人跳，引你入彀，诈你钱财，切不可随便与人搭讪；也不可贪便宜买小，有一种人专会以假换真，明明拿给你看的是好绸缎衣裳，及至你买到手里，打开来看，却成了纸做的。随身的盛钱囊袋更要仔细，还有身上的金玉佩饰、耳环钗镯，也都须防"觅贴儿"贴身行偷。最可怕的是地痞流氓当街称恶，动辄大拳头招呼，安善良民惹他不起，只好躲着——话说回来，哪朝哪代没有这样的人呢？

倘生在那个朝代，我也仍是个女人，虽说李清照拔了头筹，风头健过男人，不过大多数女子理家政，事翁姑，并不善烂然文章，是以我也不能免俗，目不识丁极有可能。所以就算我不知道欧阳修的德政，苏东坡的牵鹰放狗、锦帽貂裘、泛舟江心、山高月小，也不是什么了不得的大罪过。至于王安石善写散文，柳永奉旨填词，干我何事？再怎样的杨柳岸晓风残月，小女子想的也是炊米柴薪，妆罢低眉问夫婿，画眉深浅入时无。偶有闲暇，能跟着老公到汴梁城转上一遭，卖卖眼睛，已是莫大之快。

看张择端的《清明上河图》，一寸寸都有意思。是这么繁华的世界，这么盛大的朝代，这么漂亮的一层皮，包裹着这么优雅颓靡的馅子，这种气息如同贵妃手上金扇，怎不叫人沉迷，不由人心生觊觎，飞身入画，也做一回清明上河人。

深衣重掩过春秋

给我一块细麻布吧，我要做衣裳。

没有细麻布，绸缎绫绢也成。把上衣下裳缝在一起，把左身的前襟和后襟缝在一起，再把后襟留出一个长长的舌头，长到，长到像一个柔软的锐角三角形，然后把这个衣裳穿在身上，把左后襟那个长长的舌头一个劲地向右掩，绕身一周，腰带一系。

还没完。

裙裾不能拖地，若是太长，还要裁它一截，既让它不能死死地盖住脚面，也不能短短地垂吊在半腿把子上。裙长"及踝"，这样最合适。

这么一穿，我就成了一个被裹起来的瓶了。

可是还没完。

细麻布也好，丝绢也好，都质料极软，穿在身上，肤贴身体尚在其次，看上去像现在的休闲装，褶褶皱皱，不成个模样。是以一定要想办法给它立一个骨架。这个骨架，就是装在领口和袖口以及衣襟策边和裳的下边的"衣缘"，学名叫个"纯"，其实就是一道宽宽的衣边。素衣用彩"纯"，红衣用黄"纯"，白衣用黑"纯"……于是无论男女，都变成一个个的黄瓶、棕瓶、红瓶，色彩艳丽浓重。当然也有蓝瓶和绿瓶，只是时代变迁，岁月如沙，把这些颜色一概磨去，留给我们的，就是用朱砂和石黄等染出来的经久不褪的赤、橙、黄、褐、棕。

若是一个幸运的人，父母和祖父母都健在，他的深衣可以镶上彩纹的"衣缘"，若是父母健在，就镶青边；如果是孤子，只好镶白色的边。一个长长的先秦时代，就在长长的深衣重掩中，过去了。

其实商周时期，人们穿衣裳是上衣下裳两截穿。"深衣"有点类似我们穿腻了分体的衣裳之后，发明出来的新潮连衣裙。可是它远比连衣裙被体深邃，雍容典雅。

穿深衣规矩多，短不露体肤，长不覆地面，袖子的长短要从袖口反折上来正好至肘，束带的部分下不要压住大腿骨，上不要压住肋条骨，要正当腰部无骨的地方。

穿深衣象征也多：袖口宽大，象征天道圆融；领口直角相交，象征地道方正；背后一条直缝贯通上下，象征人道正直；腰系大带，象征权衡；分上衣、下裳两部分，象征两仪；上衣用布四幅，象征一年四季；下裳用布十二幅，象征一年十二月。身穿深衣，自然就能体现天道之圆融，怀抱地道之方正，身合人间之正道，行动进退合权衡规矩，生活起居顺应四时之序。

简直一衣在身，文可安邦，武能定国，古人心闲，真有本事上纲上线。

不过，再多的篱笆墙也挡不住外泄的春光。男人是要兴家立业的，女人却要美给这个世界看。所以春日郊游，陌上赏花，你就可以看到三三两两的女人穿深衣而来，一个曲裾深衣，穿袍服，衣袖有能使肘腕行动更方便的垂胡，若是双臂伸展，两个衣襟就像蝴蝶伸展开的翅膀。裳交叠相掩于后，腰带系带玉佩于前——玉是吉物，可保平安，有道是"君子无故，玉不去身"；另一个穿的深衣上面饰满了重菱纹，因它形似双耳漆杯，又叫"杯纹"，或又称"长命纹"——取其长寿吉利之意；还有一个妇女，脑后挽髻，身穿长袖紧身深衣，长袍曳地，上绘卷曲纹样。

质样轻薄柔软，为衬其骨架，在领口、袖口缘上一道厚实的深浅相间的条纹锦边，非常时髦摩登——一看就是楚国人，因为中原深衣一般是盖住脚踝即可，地处南方的楚国却把深衣的下摆弄得很大，拖在地上，形似喇叭。

真是触目所见，无不深衣重掩。深衣藏起女子的芬芳，使女子的身体如一颗宝珠蕴在宝匣，低暗的环境里绽放着幽微而烁烁的光华。只是那种光华也是低眉垂首，敛目息微，宛似时光里一朵久久不肯绽放的花。那个时代的女人，就这么深衣重掩过春秋。

一千年前的一场雪，两个人

　　一千多年前，一个茫茫雪夜，一个人睡醒一觉，开窗，饮酒，室内踯躅，四望一片白，鼓动得他胸怀喜悦，又忽忽如有所失，起而吟诗，又想着此时若有好友相对清谈，那该有多美。于是忽然想起远方一个人，一下子觉得连天明也等不及，一定要当下便去找他。一夜过去，水波流丽，小船将他一直送至朋友门前，远远望见朋友的家门，在晨光熹微中安静地关闭，他却跟船夫说："不去了，咱们回去。"

　　于是橹桨欸乃，又把他送了回来。

　　有人后来问他，何为乎如此，他说："我本是乘兴而行，如今兴头已尽，自然是要回家为是，何必一定要见到他才算完事？"

　　这便是东晋时期两位名士：王子猷和戴安道的故事——王子猷雪夜访戴安道，经宿才至，却造门不前而返。

　　那么，王子猷不怕戴安道生气吗？这什么人啊，那么大远的路，到我门前又不进来，瞧不起我是怎的？戴安道又会不会左思右想：咦？子猷来找我，是不是有什么事要求我帮忙，不好开口，所以才会做出这般为难的姿态？说不定他还会采取这样的行为模式：亲亲热热"打"上门去，"谴责"一番，然后让王子猷摆好酒菜，两个人吃喝一通，方算了事。如果真是如此，我们或许就真的成了"以今人之心度古人之腹"和

"以小人之心度君子之腹"。因为这三种行为模式，第一种失之于小，第二种失之于疑，第三种失之于俗。

若戴安道真是这样的一个人，那王子猷雪夜而访的，就不会是他——王子猷既然有雪夜吟诗和雪夜访友的情怀，他所寻访的戴安道，也必有非同一般的情怀。

有一回，戴安道从会稽到了京都，太傅谢安去看他。谢安原来对他有些轻视，见了面只谈些琴法和书法，更重要的事务根本提都不提。戴安道心里坦然，不以为忤，反而是谈琴法琴法通，谈书法书法懂，且更加难得的是那种闲适自得，宠辱不惊的气量，让谢太傅刮目相看。

只有这样一个人，博学多才却又襟怀冲淡，才会拥有这样大的魅力，让一个性情高爽的人雪夜独独想起了他，然后不辞辛苦，乘船就访，又让他可以随心所至，兴至而返，两个人的关系丝毫也不会受到影响，仍旧如雪般高洁，如水般清澈。

这大概就是真正的君子之交淡如水吧。

根据马斯洛的观点，人天生有一种"归属"的需求，但是现代人却把它功利地理解为"朋友多了路好走"，所以就像提篮买菜，管它是水菜干菜、芹菜红苕，统统搁在一块，篮子里装了一堆，然后提着它沉沉地走路，累得腰酸背痛，一边还自诩为人脉广，会交际。于是，我们就见惯了有所图时的亲热，打太极时的虚与委蛇，利害不相关时的冷漠以及陌生人之间冷硬如墙的隔阂。天长日久，别人心中有没有鬼不知道，自己心里先就生出"鬼"来。

就如我的一个学生，看谁都不像好人，看谁都小心戒备，她的指导思想就是：人心叵测，人际关系就是互相利用，所以千万，千万要小心，宁教我负人，不教人负我。既是心中生鬼，自然和人交往也做不到心无芥蒂，到最后本该很阳光快乐的女孩，却得了抑郁症，心情像在阴暗的地下室霉了多年的破布，又被鼠吃虫咬，散了一地，收拾不起来，只好休学了事。

而且，假如你心中有所图，那么你就很难保不真的会吸引那些财迷心窍或鬼迷心窍的家伙来，因为气场相同，心性相吸，到最后纠葛在一起，这种交往就成了一个吃人的妖怪，吃掉你的精气神和从容淡定的情怀。西谚说"羽毛相同的鸟一起飞"，大概就是这个意思。

所以未交友，一定要先做人，做人先要做出一份雅淡如水的情怀，才能因为淡定而有雅量，因有雅量而能超脱，而能物加身而不喜，人亏己而不怨。这样和人交往起来，才能彼此愉悦，互相吸引——即使偶有冲突，也不会睚眦致怒，反目成仇。

写到这里，又想起一个典故，说的是东晋高僧支道林要回到东边去，当时名士都一起送他到征虏亭。其中有一个叫蔡子叔的，因为到得早，座位靠近支道林；谢万石来得晚，就坐得稍微远一点。后来蔡子叔走开了一小会儿，谢万石为和支道林说话方便，就坐到蔡子叔的位子上。等蔡子叔回来一看，鹊巢鸠占，生气啦，就连坐褥和谢万石一起搬起来扔地上。谢万石摔了个嘴啃泥，他自己慢慢爬起来，戴好帽子，理好衣裳，继续入席而坐，跟蔡子叔说："你看你这个人，差点把我的脸碰坏了。"结果蔡子叔说："我本来也没有替你的脸打算嘛。"两个人神色照常，日后也继续交往，谁也没把这段插曲放在心上。

若是搁在一般人身上，说不定会按捺不住"脸面"受损的气怒，恶语相向"闹"得不可开交，甚至揪着头发互殴，就此成了大街上随处可见的笑料，俗不可耐；甚至会守在阴暗的路道口，给对方记一闷棍，让他买个"教训"；更有一等心胸狭隘者，说不定会买凶把"仇人"给"做"掉……于是事情本由一个寻常座位而起，却演变到整个局面不可收拾，于是两个人就跳上了一些杂志的大标题："我的好朋友啊，你我反目成仇为哪般？"究竟能为的什么呢？——因小事而寻隙生仇的事生活中常有，有的真是连讲原因都觉得不好意思。

心中有"鬼"，常能生出"异端"，致使人际关系山穷水尽，全无韵致。而心中敞亮的人交往起来，感觉却如雪浸梅花，闻起来有一股清香；又似漠漠水田飞白鹭，水田和白鹭是那么登对；大漠长河落日圆，大漠、长河、落日又是那么搭配，"看上去很美"。

　　所以，让自己有一份坦然的襟怀吧，如秋月下的芦荻，淡雅静美，然后你会发现，那些和你有着同样美好情怀的人，会渐渐向你聚拢过来，你的交际画卷，因此生辉溢彩。

青花瓷瓶绣花针

一室俱静。

翻一本杂志。

听音乐。

第一次听《青花瓷》，"素胚勾勒出青花笔锋浓转淡，瓶身描绘的牡丹一如你初妆"，只觉得艳。素素的，像淡白的衫子上画一枝缀着红苞的梅，那种"淡极始知花更艳"的艳。

歌者再唱，底下一句一句，"天青色等雨，而我在等你"，"如传世的青花瓷自顾自美丽"，都是可以预想见的情思婉转；一直到"你隐藏在窑烧里千年的秘密，极细腻犹如绣花针落地"，一下张开眼睛，瞳孔尖缩似针，深处仿似看见一景，镜头摇近，特写，频速调慢，一枚细细的绣花针坠于地面，如落入时光，发出极微小的锵然一声，叮——余韵袅袅，涟漪阵阵，滔然心惊如浪。

就好比当初听《东风破》，每一到"谁在用琵琶弹奏一曲东风破"，"琵琶"和"东风破"竟是如此完美的贴合，好比一个好女子半背转了身，一手将水袖搭肩，另一手将水袖拖了地，千言万语装满腹，却是一个字也不肯诉，一颤一颤，如蜻蜓撼动袅袅的花枝，摇动人的心尖。

青花瓷、琵琶曲，传达的不是现世匆忙、斤两计较的爱意，而是绵远悠长的年代的脉脉凝思，那是时光如绸，绣花针在上面一丝一线绣出的牡丹花和回文诗。

时光又是那一只大大的青花瓷瓶，任由它芭蕉夜雨，霜冷长河，笔锋浓转淡，于它瓶身绘牡丹。

手里的杂志上满满的图片，埃及巨大的孟菲斯墓地，还有金字塔。古代的法老啊，端正笔直，端坐在山崖底下，两手规规矩矩放在膝盖，目光平视，不知道是什么引发他的千古沉思——而你那个狮身人面像又到底是个什么意思？

还有阿富汗的巴米扬大佛，差点被炮火轰成渣，那么高，那么大。你明明大有威能，为什么不肯保佑自己躲过这场劫？

还有以色列的圣城耶路撒冷，犹太人的圣城、基督徒的圣城、伊斯兰教的圣城，唯有它在人间唯一享此殊荣。我却看得见陈旧的旧城和那堵被以色列人的眼泪浸泡的哭墙，看不见它的荣光。

还有安徽乡村田埂道上的目连戏，那扮演目连的男子，起码已有六十岁，惨白的粉底抹不平脸上的沟壑皱褶，大张的红唇看得见他的声嘶力竭。观者寥寥，而身前一个蹦来跳去烘托气氛的红发小鬼，和他一样的年岁，把同样的衰迈渗透了整张铜版的纸。

还有陕北的窗花娘娘，她剪的窗花，看得人"心悸"，没错，就这个词。大大的眼睛，净白的脸儿，佛样地端坐贴在窑洞的墙面。额前流苏，身上霞帔，发上璎珞耳畔坠，在在处处都是花，春城无处不飞花，她的头上、脸上、手上、脚上、胸前、背后，一分、一寸、一毫、一厘，无处不曾飞满花。无一剪偷懒，无一处犯重。上和下不重，左与右不重，就连左袖上的花和右袖上的花，都是左边缠枝莲，右边铰牡丹。花与花缠绕漫卷，看得分明，却不敢看得分明，越看越摇动心旌，教人爱得心痛。可是她死了，无人继承。

还有泰姬陵，还有昆曲，是的，还有丽江。

我去过了周庄，却不敢去丽江。

到处是人，到处是电声光影，到处是伪饰的古雅，真正的细腻和悠远却无人继承，真正的寂寞和宏大却无人继承。它们都在，那么庞大，那么豪华，那么悠远，那么细腻，宛如青花瓷，被风沙、光阴、人心、浅艳的繁华与喧嚣寸寸蚕食，到最后只能淹灭进光阴，好比一朵灯花沉入水底，又好比青青的凉砖地上，一枚绣花针坠地，"叮"的一声。

午间做了一梦，梦见在家门口的小小的土坡上面浇水、种瓜，脑子里想起四个字：瓜瓞绵绵。梦里也觉得好，因"绵绵瓜瓞，民之初生"。大大小小的瓜爬满一地，子子孙孙无穷无尽，那是什么样的景象。

可惜我们的文化不是瓜，是针。一枚一枚掉落进光阴的青花瓷瓶。

"叮"，一声。

"叮"，又一声。

江湖夜雨十年灯

　　在古董摊上给朋友淘到一盏旧烛台，灰灰旧旧的陶瓷，上盘下座，以柱相连，盘中一个浅浅的凹圆，是用来坐蜡的地方，原始而简单。形制颇似最早时期的灯。

　　早期的灯叫陶豆。由食器豆延伸为灯具，土陶所制。就是这样上盘下座，中间以柱相连，虽然简单、原始，却延伸了白天，缩短了暗夜。社会文明的发展，在油灯昏黄的照耀下，悄悄进行。

　　从会用火，到会用灯，不用再战战兢兢保持火种不熄了，而且光线更稳定，宜于灯下劳作和休闲。这样宝贝的发明，无论如何值得尊重和器重，所以从春秋到两汉，油灯成为重要的礼器。《周礼》中还有专司取火或照明的官职。

　　一件珍贵稀少的器物，会引起人们的欣赏和收藏的欲望，就像玻璃未盛行的时候，贾府中收藏的玻璃缸，是和玛瑙碗并列的。灯也荣幸地经过这样一个阶段，所以它的形制也各种各样。河北满城县出土过西汉长信宫当户铜俑座灯；平山县出土过树形铜灯和银首人俑铜灯；广州南越王墓出土的西汉龙形灯；广西梧州大塘出土过西汉羽人灯；江苏邗江甘泉山出土过牛形灯；山西襄汾县出土过东汉雁鱼灯。你看，肖鱼，肖龙，肖飞人，肖牛，肖雁鱼，因为爱它，离不开它，才打扮它、装饰它、设计它。

不过那个时代青铜贵而难得，普通百姓人家怎么用得起铜灯呢？所以多数人家，还是趁天光做饭，摸黑坐夜，过"暗无天日"的日子。

幸好到了魏晋南北朝时期，青瓷技术成熟，青瓷灯取代青铜灯，光明就慢慢延伸到了民间，照亮多少辛苦操劳的夜晚。这一时期的代表作品有南京清凉山吴墓出土的东晋青瓷牛形灯；山西太原出土的北齐瓷灯，等等。

唐代盛世繁华，铁、锡、银、玉等新材质不断运用到灯的制作中，既是器具，又是装饰。一盏悬挂起来的灯，四壁画满人物故事或者花草虫鱼，中有机栝，可以旋转，如同走马一般，这是走马灯；风灯，也叫气死风灯，顾名思义，自然是不怕风的了。向来所谓因风吹火，现在风在火的外面，却只有干瞪眼的份，看着灯燃得施施然，真是气也要气死了！日常俗语说某某人真不是省油的灯，你听说过省油灯吗？这种东西的确存在过。我们的先人早在一千多年前就发明了这种利用物理原理制成的双层瓷盆，中间注水，通过冷却达到省油目的的灯。此灯恰如宋代大诗人陆游所言："书灯勿用铜盏，惟瓷盏最省油，注水于盏唇窍中，可省油之半。"

宋代京师"茶坊每五更点灯"，"向晚灯烛荧煌，上下相照"，继续着盛世辉煌。明清之际，青花和粉油灯成为新的时髦。清末洋油灯传入，直至油灯的终结者电灯的出现，有着几千年历史的油灯最终退出历史舞台，黯然蜷缩一角。现在的灯烛荧煌，都是指的电灯了，电灯照耀的世界，繁华、热闹、浮泛，让人的心发飘，还有谁会有心情静静地"孤灯一盏坐天明"呢？

小的时候，油灯是夜晚最亲密的伴侣。

冬天的农村冰天雪地，夜晚寒冷漫长，小孩子们不能在外边疯跑着捉迷藏，干点什么好呢？只好缩在被窝里，竖着耳朵听婶婶大娘们讲古了。房梁黑乎乎的，时不时掉一两穗积年的尘灰。一根长长的高粱秸秆弯成钩状钩住梁木，悬吊下来，下边是一盏晃晃悠悠的油灯。风从门隙窗缝吹过，小小的火苗猛一下子伸长、扭曲，呼一下冒一股黑烟。这时候，鬼狐仙怪也一齐登场，还偏偏给安上一个就近的村庄名字，甚至直说谁谁家的姑娘，谁谁家的媳妇，哪里哪里一口井，半夜的时候……要命的是灯苗忽忽悠悠，将熄未熄的样子，墙上的人影变得巨大而扭曲，狰狞无比。我吓得缩作一团。我娘却漫不经心瞟一眼灯火，叫我爹："没油了，添点油来。"大人的胆子真大！

这个时候，奶奶在做什么呢？

秋天来了，棉田里白茫茫一片，饱鼓鼓的桃子绽出白花，上上下下铃铛一样挂满了枝子。阳光打在上面，越发白得耀眼。田地里散着老老少少，人人围着齐胸的大兜兜，摘一朵往里一塞，摘一朵往里一塞，一会儿人就变得像袋鼠，胸前的兜兜坠得腿都走不利索了，蹒跚到大堆前，哗啦一倒。好大的棉堆，像座银山！

纺线是老婆儿们的主要任务。我奶奶老早就把那个闲了一春一夏的纺车搬到窨子里——窨子，就是在地下凭空挖出的一个地窖，冬暖夏凉，专供纺棉花使。那里已经有许多架老式的纺车蹲在那里待命了。每天晚上，它们就合唱一首单调的歌："嗡嗡嗡……嗡嗡嗡……"加上老奶奶们低低的说话声，空气变得很静，很静。锭子上的穗由无到有，从细到粗，渐渐像个饱鼓鼓的桃子，卸下来，重新开始，由无到有，从细到粗……那一盏搁在土墙上刨出的窝儿里的油灯，照着她们的头发一年年由黑变白，皱纹一年年加深，踩着梯子上下地窖的时候腿也开始发抖，多少光阴水一样漫漫流过，打不起一点水花，拧不起一点旋，水面上点点碎金，那是灯影。

小孩子们是要上夜学的。电灯，也是没有的。一人一盏油灯，晚上点着，整个教室灯烛荧荧。时不时地会撒了油，湿了书。后来，我们就用玻璃的罐头瓶子，把油灯坐在里面，又轻，又亮，不怕风。而且灯光从玻璃瓶里呈放射状地照出来，好看！林黛玉让宝玉打一盏她的玻璃绣球灯，无非就是一个玻璃瓶里，坐一根小蜡，光明有限，照不亮暧昧难明的路，遮不住秋风秋雨愁煞人。

最爱这四个字：掌灯时分。夜幕降临，一家家的灯火次第亮起，召唤归人。农人吆着牛回来，坐在门前，用褂子扇风擦汗，一边等着女人把饭端上来。小孩子也四散归家，凑到热锅跟前。一家人团团围坐，吃简单粗陋的饭食，说家常年景的话语，知道世界还是这个世界，征战杀伐都在古老的传说里，小孩子饭后呼啸飞跑，大人的心里安静、宁帖。

千百年来，幽微的灯光直叫人一唱三叹，意绪万千。它照过游子，照过征夫，照过文人学士，照过灯下女工。正所谓"邯郸驿里逢冬至，抱膝灯前影伴身"，"一卷离骚一卷经，十年心事十年灯"，"合衣卧衣参没后，停灯起在鸡鸣前"。

灯又见证着幽情，虽然锺书说离恨是探照灯也照不见的，但是，好像灯又什么都知道了。知道你的孤独，知道你的落寞，知道你的难取难舍。真是"月落星稀天欲明，孤灯未灭梦难成"。

一灯如豆，照着多少人由青葱少年到耄耋老年，感觉自己的世界一天天老去，骨头一天比一天痛，眼睛看不清面前的路，外面雨声潇潇，自己灯下静坐，华发渐生，再也没有力气仰天长啸，只能回味金戈铁马，气吞万里如虎的当年，一片落寞，交付与一句"雨中黄叶树，灯下白头人"。

而长久思念的两人，一旦重逢，反而疑似梦里，一定要持灯相照，反复验证，这份情怀，情深似海。是你吗？真的是你来了吗？真不敢相信啊。"从别后，忆相逢，几回魂梦与君同。今宵剩把银釭照，犹恐相逢是梦中"啊。

很多时候，灯几乎成了一种象征，比如《大红灯笼高高挂》，晚上了，"上——灯——"，预示着哪个女人今晚将被"宠幸"，灯也成了可怜女人一心向往的身份和荣耀。得罪了老爷，就是一个"封灯！"灯被用厚厚的蓝布封死，像一个人的生命，就那样一点点沉默下去，变冷，化灰，没有希望，没有光明，什么也没有了。

都说"文人相轻"，但在唐代文坛上，有两个人，却是"文人相亲"，印证了文人间千古不易的真情，这就是文学史上有名的元白之交。

元和十年正月，白居易与元稹在长安久别重逢，两人经常畅谈达旦，吟诗酬和。但事隔不久，元稹因为直言劝谏，触怒了宦官显贵，在那年三月被贬为通州司马。同年八月，白居易也因要求追查宰相武元衡被藩镇军阀李师道勾结宦官暗杀身亡一案，被权臣嫉恨，宪宗听信谗言，把他贬为江州（今江西九江）司马。

两个好友竟同一被贬。白居易在秋风瑟瑟中离开长安，走的恰好是元稹不久前走过的路。诗人满腔惆怅，一路上寻找着好友留下的墨迹。一日他行至蓝桥驿，一下马，便在驿站的墙柱上发现了元稹在正月路过这里时写的一首《西归》绝句，诗人百感交集，提笔在边上写了一首绝句：

"蓝桥春雪君归日，秦岭西风我去时。每到驿亭先下马，循墙绕柱觅君诗。"

离了蓝桥驿，经过商州、襄阳，诗人由汉水乘舟而行，途中写下这样一首诗：

"把君诗卷灯前读，诗尽灯残天未明。眼痛灭灯犹暗坐，逆风吹浪打船声。"

元稹在通州听说白居易被贬到九江，极度震惊，不顾自己病重在床，提笔给白居易写信，并赋诗一首《闻乐天授江州司马》：

"残灯无焰影幢幢，此夕闻君谪九江。垂死病中惊坐起，暗风吹雨入寒窗。"

不久，白居易收到了这首诗，痛感好友的关切之情，在给元稹的信中写道："'垂死病中'这句诗，就是不相干的人看了都会感动得不忍再看，何况是我呢？到现在每次看到它，我心里还凄恻难忍。"

元稹一收到信，知道是白居易写来的，还未拆开已泪眼蒙眬。女儿吓哭，妻子惊慌。元稹告诉她们，自己很少这样动情，只除在接到白居易来信的时候。为此，元稹寄诗给白居易：

"远信入门先有泪，妻惊女哭问何如。寻常不省曾如此，应是江州司马书。"

山长水阔，其情不改，其色不易，见证这份休戚相关的命运和友谊的，就是诗，就是灯。

停电了，家人已经安睡，时光静如流水。一个人孤灯独坐，仰在椅上，想着鲁迅先生"在朦胧中，看到一个好的故事"，是的，一个好的故事。三十多年的日日夜夜，曾经夜夜孤灯，也曾经烛影摇红；曾有仰天大笑出门去，我辈岂是蓬蒿人的豪迈之气，也有归去来兮，田园将芜胡不归的息隐之心。回望来时路，也有得，也有失。这一路行来，正应得一句话："桃李春风一杯酒，江湖夜雨十年灯。"

少年时总是意气飞扬，到老来萧疏落寞。时光如毒药，如水藻，如青荇，如泥，如土。不是时光如毒药，如水藻，如青荇，如泥，如土，是心如毒药，如水藻，如青荇，如泥，如土。自己的江湖夜雨，也许正是别人的桃李春风，而当别人千杯万杯痛饮青春，我的暮年，正擎着一灯如豆，挟霜裹雪，扑面而来。

要的终不能够得到，不要的纷至沓来。花儿纷纷，谢了又开，蜜蜂闹嚷嚷飞舞，原来睡在青石凳上的香梦沉酣，只是一刹那间，转眼醒来，聚的已散。樱花常常在一夜之间迅猛开放，突如其来，势不可当，然后在风中坠落，没有任何留恋。日本人称之为花吹雪。

灯下静坐，想起过往的时候，终于能够做到冷冷的，纯白，如刀锋划过记忆。

却无痛亦无伤。

鸟飞即美

谁见过哪只鸟是飞的时候不美的？

无论是鹰展翅悬浮，还是像炮弹一样俯冲下来捉兔，你甚至可以看见它"哧哧"地响着把气流劈开时冒出的火花；还有燕子抄水，然后在嫩柳影里一掠而过；甚至是麻雀舞动着短小的翅膀"扑棱"一下飞起，再"扑棱"一下落下。

是的，鸟飞即美。

就好比花开即美。

麦稻扬麦开花，那样微小的花也好看。还有大豆花、棉花开的花、倭瓜花。

绒树花开出绒绒的丝，如果长长些，粉光脂艳，可以拿来绣枕套、袜子、裤脚、袖边、鞋垫、门前张挂的帘。

曼朵花有扁扁的籽，随便撒在土里，夏日一丛一丛地开，绉纸一样一串串串起在枝子上，是一首首深红粉白的词。

丰子恺说他不曾亲近过万花如绣的园林，看见紫薇花，或是曾使尚书出名的红杏，或是曾傍美人醉卧的芍药，可是象征富贵的牡丹，觉得不过尔尔——那不过是一个不爱花的人的偏见。

对了，还有蔷薇。

还有山药花，就是大丽花，红的像血，黄的像反光的蜡冻石，白的是凝脂玉。一层层一瓣瓣，开这么好看，不累吗？

鸟飞即美，花开即美，猫动不动都是美。到处都是被我们从手指缝里、眼睛边上，丢掉、漏掉、扔掉的美。

这样的美攒不起来，当季而开，当季而萎，倏忽而来，倏忽而去。不过花开攒不起来，"花开即美"这四个字攒得起来；鸟飞攒不起来，"鸟飞即美"这句话攒得起来。

谁说美丽的文字不是一只只鸟从天空飞过？谁又能说一只只鸟从天空飞过，不是一个个美丽的文字？若是成行便是句子，若是成阵便是段落，若是林噪雀惊，那是一篇野兽派的小说。若是天鹅起舞呢？除了造物主，谁配得上写这样的诗？他负责创作，我负责欣赏。

♡　《语文周报中考版》2011.1.26

静　观

　　走在路上，突然止步，恍然如有所想，看车流人往。身边潮沸盈天，却一切与我无干，我只看得见一片叶子被风吹，打着旋飘上蓝天——真是无上美好的体验。

　　还有一次在茶室，和朋友说笑，却一刹那间听见一声琵琶音，"铮"的一声，一下子魂飞天外，大概不过一闪眼的时间，却觉得足足过了两个钟点。那感觉真是不常见。

　　此前更有一次，嗓子坏掉后，蛰居图书室，正读禅偈，恰好是读到"一切声，是佛声，檐前雨滴响泠泠"，结果揉揉倦眼，看窗外骤雨初歇，真有一滴檐前雨啪地掉下来，在石台上摔得清透碎裂，一时神魂俱飞，只觉自己就是那滴雨，连那掉落时的失重感都感觉得清清楚楚，无法忽视。

　　有诗云"闲来无事不从容，睡觉东窗日已红，万物静观皆自得，四时佳兴与人同"。其实走神就是在静观，静观也就是走神，二者都入了一个暂时的忘"我"之境，忘了关心米面菜价多少钱，股票是跌是涨，官位能否亨通，人际关系润滑到不到位；却跳出来一个被烟火红尘俗世遮蔽的真"我"，好比被梅红炮屑深埋不见杂藏的花朵，物物静观皆现眼前，果然是"自得"——忘的是机心，是劳烦，得的是美好，是觉察。

读一本书：《与神对话》，里面有对"静观"的最经典诗化的解释：

"你环顾四周，缓缓的，注意到你原先走过而未曾注意到的东西：雨后泥土的气息、你所爱的人左耳上覆盖的鬓发。看到小孩儿在玩耍，这是多么的美好啊！……当你在这种状态中行走，你会闻到每一种花的芬芳，你会跟每一只鸟儿同飞，你会感觉到脚下所踩出的每一个嘎吱声。你找到了美与智慧。而美处处在形成，由生命的一切材质在形成。你不需寻找，它会自动向你走来。"

的确。的确。此时你会觉得好，好到可以绽开一朵笑。倒不是为任何东西笑，只是心里单纯觉得好，好像宇宙有一个深藏的秘密被你悄悄知晓，灵魂唱的一首沉默的歌叫你听见，因而倍觉人世的喜悦和庄严——听到它的人，有福了。

哪怕人世烦恼如火里烧油，若肯换个角度，从心静观，那从心尖冒出来的火苗，也可以形成一个在炽热的火焰中舞蹈跃动的笑脸。说到底，静观观的不是世界，是心。心平如镜，万物现影，好比春来江水绿，枝上有桃红。

○ 2011 年语文周报中考版

第七辑
孤独的香水

孤独的香水

在奥弗涅中央山脉，一个名叫康塔尔山的两千米高的火山山顶上的岩穴里，靠着喝生水、吃野草、蜥蜴、蚂蚁和爬虫，住着一个人。他叫格雷诺耶。

因为敏感非凡的鼻子，他在尘世生活中积攒下十万种气味，然后逃离人群，凭此在荒凉世界盖起一座想象中的气味城堡。白天他幻想在天上飞行，给整个世界播撒各种气味的甘露；晚上他幻想有看不见摸不着的气味使者给他拿看不见摸不着的气味之书，以及气味饮料和气味美酒，一杯一杯把自己灌醉，最美好的一瓶是被他谋杀的马雷街少女的体香……

这就是《香水》的作者帕特里克·聚斯金德赋予主人公格雷诺耶——这个天才加疯子——看世界的角度。

可是，有一天，他却惊恐地发现：世界上万事万物都有自己的气味，而他却没有一个"人"应有的味道。这种感觉让他发狂，像踩着烧红的火炭一般乱跳。

他不得不离开自己的"宫殿"，重新走进人的世界：他要制造出世界上最伟大的香水，他要成为全能的芳香上帝。这种不祥的愿望使他像张着大嘴的狮子，吞噬了一个又一个少女的生命，他把她们的身体变成萎谢的花朵，掠夺了她们的芳香，终于真的制造出上帝一般的味道。

罪行败露，马上要被带到刑场残忍处死的那一刻，他试验了这种香水的魔力——他只不过滴了一滴在身上，在场的一万人，包括被谋杀少女的父亲、母亲、哥哥，就都把他看成是他们所能想象的最美丽、最迷人和最完美的人。而他像上帝一样面带微笑，谁也不知道他那微微牵起来的嘴角掩饰了什么：

他恨，他嫉妒。这些人卑微，下贱，却拥有尘世的一切。他们有自己的气味，他却没有。他实现了"伟大"的理想，却仍旧是一个无法回到人类世界的幽魂。

臭气熏天的公墓里，格雷诺耶把整瓶香水倒在身上，引诱一群流氓、盗贼、杀人犯、持刀殴斗者、妓女、逃兵、走投无路的年轻人出于绝对和完全的热爱，把自己分而食之。半小时后，这个天才和疯子的合成物，谋杀少女的人犯，伟大的香水制造师，从地面上彻底消失，一根头发也不剩。

《香水》这本小说就像一只大手伸进生活的五脏六腑，好一阵翻搅，从里面挖出最深、最本质的东西：孤独。

因为孤独，他不懂人是要爱人的，也是要被爱的，人的生是值得庆贺的，死却值得悲伤。所有人世一切情意和法则，都被他轻轻忽略掉。他毫不怜悯、毫不手软地害死前后一共二十六个美丽少女，只是为了占有——违背人类通行法则的孤独，就这样成为整个人类的噩梦。

而当他靠着假冒的味道招摇过市，他的"想被认知的迫切感"，也许正是我们共有的焦虑。这里体现的是一个恒久的孤独与追求被认同，但是到最后却命定地永远孤独的命题。

我们生活在群居共食的社会型群体居住环境里，被相同的价值体系支配，认同钱是好的，爱是好的，有朋友是好的，但是，每个人的心里又都有一道幽深的关锁，锁着的，就是那个小小的，叛逆的、孤独的灵魂。所以我们永远不可能像太阳地里那一大片金黄耀眼的向日葵，冲着一个方向微笑，冲着一个方向唱歌，冲着一个方向感恩和祈祷。每一株植物的心里都流淌着孤独的浆液，既渴望被认同，又渴望独立，在反反复复的矛盾中撕裂着自己的灵魂，彼此相望，却不能懂得。

海明威的《战地钟声》里，受重伤的罗伯特打发深爱的姑娘撤离，独自留在阵地，一边竭力在剧痛中保持清醒，一边胡想一些乱七八糟的东西，有一句最打动人心："每个人只能做他自己该做的事。每个人都是孤独的，每个人。"这本书的另一个名字叫"丧钟为谁而鸣"，其实，对于整个人类世界来说，绝对不必打听孤独的丧钟为谁而鸣——丧钟就为你鸣。

惭愧也是一种德行

"莎衫筠笠，正是村村农务急，绿水千畦，惭愧秧针出得齐。"卢炳的这半首《减字木兰花》翻成白话，就是青箬笠，绿蓑衣，挽着脚腕子下田地，绿水千畦，哎呀惭愧，碧洼清波秧针细。本是活画出一片好光阴，可是奇怪，农人见禾苗整齐，正该喜悦，为什么要惭愧呢？

所以说他懂农人的心：撅腚向天，俯首向地，纷纷碎碎的汗珠子，这样拼死劳力赢得能预见年丰岁稔的好景致，却并不骄矜自喜，而最知惜福，好比是撒骰子，偶然撒出个好点子，便觉是上天眷顾，于是觉得难得、侥幸、欣喜，于是"惭愧"。

有惭愧心的人，每天总是问问自己："我做得好吗？我有没有对得起别人？"没有惭愧心的人，却是会根根怒眉如针，一声声质问别人："你做得好吗？你有没有对得起我？"佛家忌"我执"，皆因"我执"太盛，则天地间只有一个"我"字，"我"是最大的、最好的、最该得着的、最不该失去的，花也是我的，叶也是我的，世间金粉繁华俱都该归我，清风明月又不能白给了别人。有惭愧心的人则如会使化骨绵掌的高人，把"我执"一一化去，所以《遗教经》上又说："惭愧之服，无上庄严。"庄严就在于，有惭愧之心的人觉得，花本不属我我却得见，叶不属我我也得见，金粉繁华哪里该有我的份呢？惭愧，上天垂怜于我，我享受这些真是该惭愧的。

所以惭愧是自见其小、自见其俗、自见其弱、自见其短而自觉的红晕上了粉面。见高人圣者自然要叫惭愧，见乞丐行走路上而自己衣装鲜亮，也要暗叫一声惭愧，那意思未必一定是也要自己污服秽衣，不过是叫自己起惜福之心，知道悯恤他人：未必讨吃要饭的为人做人不如己，不过是天生际遇相异，所以万不可端起一个傲然的架势，从鼻尖底下看人；见人做了侠义的事、仁和慈悯的事，更要暗叫一声惭愧，因同样的事情当头，未必自己就能如人，或有心无力，或有力却无心，都值得惭愧；即便如人一样做了，也要叫一声惭愧，因惭愧自己不能做更大更好的事，好比一块布由于幅面所限，不能绣一朵更大的牡丹；抑或因了幸运，自己竟能成了大事，那更是要叫一声惭愧，因必定是有上天眷顾，才能成器，这一声惭愧，是叫自己把头低下来，不可因之多加了傲慢冷然杀伐之气。

读章诒和的文章《谁把聂绀弩送进了监狱》，聂绀弩戴上"右派"帽子以后，发配到北大荒劳动改造，于1960年冬季返回北京。然后便不断有人主动将他的一言一行、一举一动都"积极配合公安机关"，告发检举上去。这些人都是他的密友，自费钱钞，请聂喝酒畅谈，然后将他的言行"尽最大真实地记录"下来；又有他赠友人的诗，也将里面的"反意"都抠出来，于是他便被抓、被关、被整，挨苦受罪。聂绀弩去世后，出卖他的人写怀念文章，那里面没有一点歉意。这些人未必不懂惭愧，不过却是着实害怕惭愧，所以尽量不去惭愧。

惭愧，我不如他。

惭愧，竟见垂怜。

惭愧，当做之事未做。

惭愧，分外的福分竟得。

一切都值得惭愧。贾母祷天，未必不是因知惭愧而惜福。她虽待见凤姐，凤姐却是一个不知惭愧的人。她受了大婆婆的气也会羞得脸紫胀而气恨难填，又因从她房里抄出高利贷的债券连累家运而羞愤欲死，却不会因贪酷致人而死而惭愧，所以她是无本的花，无根的叶，又如剁了尾巴当街跳踉的猴，虽是热闹，后事终难继。

一本书里解汉字"惭愧"，说它是："心鬼为愧，心中有鬼也。斩心为惭，斩除心中之鬼，是为惭愧。人若知惭愧，常斩心中鬼，则鬼无处藏无处生。心中无鬼则问心无愧！"真是饭可以乱吃，话不敢乱讲，敢说自己问心无愧的，倒多半是大话，真值得惭愧。

惭愧是一种德行，好比一丝阴影，旷野骄阳下行路的一蓬花叶，直待我们"亭前垂柳，珍重待春风"；也是藏起来的暗器，再躲也没用，不定什么地方和什么时刻，以什么方式，我们就会和它来一个猛烈的不期而遇——一箭穿心。

中考模拟试题

乌合之众

想说说广告的事儿。

要说广告先说人群。

两人为伴，三人成群，人群处处有，是开在世间一团团繁复的花。

一旦聚集成群，脾气性格再不同的人们的感情和思想都会如葵花向太阳，全都转向同一个方向，所以群体本身具备一种力量。一个豪爽、勇猛的群体，它的每一分子都会变得豪爽、勇猛；一个懦弱的群体，又会使它的每一分子都变得懦弱无力——哪怕群体拆散之后，每个个体都能够以一敌十，甚至以一挡百，但也不会妨碍他们身在群体时，乖乖地在比他们实力低微得多的对手面前，放下武器，双手高举，摆出投降的姿势。

而且，虽然我不相信耶稣会用五张饼两条鱼管五千人吃饱还有富余，也不相信释迦牟尼的前世毗婆尸佛真能从母亲的右肋那里穿个大洞生出来，可是基督教徒们信前者，佛教徒们信后者。两种群体具备了所有群体的最典型特征，都有一股非理性的激情。哪怕是博学之士，一旦加入群体，那些他们引以为傲的，各自具备的观察力和批判能力也会直线下降，剩下的，只有服从，融入，歌颂。

一般的人，总会身不由己加入一个甚至数个群体，然后把身上多余的成分去掉，不足的地方填充，改造成这些群体需要的样式；鲜少有个人的气场能够压住并且领导群体的气场的，如有，那这人不得了，他是领袖。他领导的群体因为人多势众，所以摧枯拉朽，面对一堆摇摇欲坠的危垣断壁，宛如一阵阵来势凶狠的白蚁，所过之处，噬骨吞血。

每个群体都有一个领袖。

每个群体的领袖都擅长一样本事——抓"脉门"。基本上，每个群体虽然主题不同、功能各异，但表现出来的感情都极为简单而夸张。领袖要想打动群体，就一定要出言不逊，信誓旦旦，夸大其词，言之凿凿。就像当年罗斯福竞选美国总统，人们记住的不是他在关税和动力工业上采取什么立场，而是他"狮子般的头昂起来，目光炯炯，烟嘴朝天翘起，海军大氅披在宽大的肩膀上，何等潇洒大方。他的风度极其热情、亲切、尊严；他总是微笑着，开口就是'我的朋友们'"。人们被打动，目的即达成。

现在，我们身处消费时代，自然会形成无数的消费群体。而且每个群体都有自己的领袖，这些领袖有一个概而括之的名字，叫作"广告"。

广告古来有，如今特别多。

殷商时代即有个叫格伯的人，把马卖给棚先，这件事被铭记在青铜器上。湖北鄂州出土的青铜镜上，居然有"王氏作镜真太好""荣氏镜佳且好，明而日月世少有"这样的文字。北宋张择端的《清明上河图》中，汴梁城东十字街口，种种酒旗店招随风飘摇，也是广告。苏东坡还给卖馓子的老太婆写过一首广告诗："纤手搓来玉色匀，碧油煎出嫩黄深。夜来春睡知轻重，压扁佳人缠臂金。"明代《金陵繁胜图》中画有标着"茶、酒、书、药、米、帽"等字样的招牌……

在任何时代，兜里有钱的消费者都是幸福的，因为会被商家奉为上帝。可是，当广告铺天盖地袭来，消费者就拥有了自己的上帝，它每时每刻在我们耳边喋喋不休，威逼利诱：某某牌的商品就是好，就是好来就是好！

所以我们会无意识地记住许许多多的广告，然后这些广告就充当了我们的消费领袖，在我们步入超市的时候，给荷包里的钞票指引"正确"的消费方向。而且，它们居然使我们产生了类似于宗教感情的一种消费感情，每个人都在向别的人热切传播某种信条，比如不吃什么会死，不喝什么会死，不穿什么会死，不戴什么会死，不听什么歌会死，不看什么电影会死，等等。

德·库朗热在论述罗马高卢人时说，罗马帝国的区区 30 个军团，能够使整个罗马的一亿人俯首帖耳，原因并不仅是罗马人的畏惧和奴性，而是罗马人视皇帝为神。"在他的疆域之内，即使最小的城镇也设有膜拜皇帝的祭坛。"而现在，就任意一家公司而言，充其量能有多少人？它甚至能够统治全球的原因，更不会因为人群的畏惧和奴性，而是它凭借广告作领袖，成功地激起了群众想入非非的感情。

领袖激活我们的感情和想象力的手段，说穿了简单得很，但却意外好用。

首先，不理睬任何推理和证据，只做出简洁有力的断言。比如："送礼就送脑白金，脑白金！！！"

然后便是不停地重复重复再重复，直到我们最终对它深信不疑。于是，一时间，任何一个时段，任何一个电视台，你都可以见到两个恶俗的卡通老头老太扭动着老腰老屁股，唱着这句恶心的歌词。很奇怪，渐渐的，它听起来不再那么恶心了；渐渐的，它们看起来居然有点可爱了；终于，我们开始买它送礼了，那么恭喜：你被感染了。

只要一个人被感染，它就会以细菌传播疾病的疾速不停歇地传染下去，当模仿成了规模，规模就变成时尚，然后我们就会因为拥有某家公司的某一种产品，或一款丝巾，或一款手表，或一款钻戒，而高兴得脸上泛红，抑制不住的愉快使眼睛里闪烁着非同寻常的光芒。

而且一些狡猾的商家会刻意和群众保持距离。越是成功的奢侈品，越会如是。它一面大做广告，一面又采取全球限量以及实名购买的销售方式，使自己在群众的眼里变得至尊高贵，扑朔迷离，然后令人不由自主，拜伏在地。

——于不知不觉间支配人们的头脑，这就是广告的暴政。而且这种暴政因为我们无法同它作战，所以我们无法战胜。于是，我们只好在它的领导之下，成为一群名副其实的乌合之众。

《乌合之众》——法国社会心理学家古斯塔夫·勒庞的社会学经典名著，就这么被我读完了。我们甚至可以用它来解答诸如日本普通民众为何曾变成战争机器，"文革"青年为何曾变得丧失理性，入市股民又为何会变得群情激昂等种种深奥的社会学问题，我却拿它来解剖了一只名叫"广告"的蚊子。泼溅出的蚊子血，不知道是多少人心口的朱砂痣。

活的文字是心头血

一个文友说：我的故事很丰富，可是我写不出来。所以，我讲给你听，你写。

我说不好意思，我也写不出来。

有那一等一的人，耳朵听听就能下笔百万言，我是三等三，别人的肉贴不到自己身上，耳听眼见皆不能作准，唯有自己心底流出来的东西，写起来才有感觉。人读书如观鱼，那鱼要是活的，扑刺刺掉尾甩水，那才有趣。若是我写出来的文字一片干巴巴萧瑟如落叶枯枝，人读之如观死鱼，又有什么意思。

读多了文字世界里那么多的死鱼，在死水里泛着白肚皮，到如今仍旧至恨那种名作家和不名作家写的正襟危坐的文字，煌煌如居庙堂之高，心忧天下万民，踱着四方步，煞着金腰带，腆着大肚皮，让读者帖耳低眉，如聆圣训。内容已是让人无比痛恨，行文方式也让人觉得硌牙伤胃。

我喜欢四处搜罗一些俏皮活泼的文字。写它的人因为没有身份，所以没有架子，因为没有架子，所以没有粉饰，因为没有粉饰，所以没有拘谨，因为没有拘谨，所以，个顶个的字都是那山涧流水里寸长的小活鱼，在阳光下一闪就没了影子。

比如说人爱臭美："但凡是人，都有些自恋，只要保证眼睛是两只，耳朵是一对，外带两个孔的鼻子和一张嘴，站在镜子前端详一段时间都会认为镜子里的人长相不俗，拆开来分析还会有惊喜发现，例如某一处可能完美得已经被古希腊雕像侵权复制。"

比如说一个对另一个深长疯狂的爱意："你猜猜，什么感觉？很熟悉，像宠他、抱他的感觉，爽到你会融化，爽到你死了，爽到可以看见每一根头发立起来，每一根都在射，高潮接着高潮，你摸摸，汗毛里也有高潮。"

比如说师与学："所谓的师范类院校中所有教授们杀伤力最强的必杀技就是'镇压'，而师范院校的学生毕业的时候都只学了这一招。这，就叫作一技之长，为什么长，因为除了这招没别的招。"

比如说英雄，"'什么是英雄?''所谓英雄，不过是一腔热泪，一手血债，一往无前，一生无言。'"这样的文字，就算是无名氏写的，我也给它打一百分。

还有眉户《张连卖布》的一段唱词，挺有意思。张连赌输，货卖家当，夫妻对唱：

你把咱大涝池卖钱做啥？我嫌它不养鱼光养蛤蟆。

白杨树我问你卖钱做啥？我嫌它长得高不求结啥。

红公鸡我问你卖钱做啥？我嫌它不下蛋光爱吱啦。

牛笼嘴我问你卖钱做啥？又没牛又没驴给你带家。

五花马我问你卖钱做啥？我嫌它性情坏爱踢娃娃。

大狸猫我问你卖钱做啥？我嫌它吃老鼠不吃尾巴。

大黄狗我问你卖钱做啥？我嫌它不咬贼光咬你妈。

做饭锅我问你卖钱做啥？我嫌它打搅团爱起疙瘩。

风箱子我问你卖钱做啥？我嫌它烧起火来噼里啪啦。

小板凳我问你卖钱做啥？我嫌它坐下低不如站下！

我老家村里即有这么一个活现世的张连，所以读它如吃园里现拔的葱，那股子新鲜热辣劲。

这样的文字轻松、疏狂，是野狐禅，上不得庙堂，可是最真切。所以说读书是非常个人的事，人家的脑子不是我的脑子，我的兴趣点当然也未必是人家的兴趣点。我读着有趣人家说轻佻，我读着无聊人家说庄重，这不是唱反调，只是人人都遵从自己的阅读本性。

当然手头的笔，也要遵从自己的写作本性。替人写的东西，总归少有出于本性，因而没了精魂。甚至我手底下到现在还压着两个月前人家拜托我写的文字，一直没有写成。实在是觉得写出来的东西是死的，所以不忍卒写。

活着的文字，它的背后，都生活着一个活着的人。真切地爱着，恨着，厌恶着，对生活进行着无奈却又必须的提纯，活的文字是心头血，是自己心尖上开出来的花，《红楼梦》如此，《平凡的世界》如此，态度真诚的写作者写出来的个个如此。最烦那种人，心头无爱却歌颂着爱，脚下对人使绊子，动心眼子，手底下却教导人如何做人，如何处世。这样的人已死，他们写出的文字就是给他们自己坟头烧的纸。

有比正确更愉快的事

　　刚结识一美女，人是极好，又是极美，又极有才，处处皆好，可惜有点太"正"了，言行无一不合规矩——我说爱读盗墓小说，刺激，她说那不好，你的思想不健康，你应该读名著——她说话的神情，就好比说别的美人走在路上或是坐在哪里，好比临水一枝桃花开，她则无论是走在路上，或是坐在哪里，皆是端端正正好比凤冠垂旒的女神下界，叫人想起《儒林外史》里的鲁小姐，美貌兼有才，却是在闺房里面，不读"美人卷珠帘，深坐蹙蛾眉，但见泪痕湿，不知心恨谁"，不吟"云想衣裳花想容，春风拂槛露华浓"，倒是晓妆台畔，刺绣床前，摆满了一部一部的文章，每日丹黄烂然，蝇头细批，嫁了人也不和才子相公谈诗论词，倒是写一条纸交过去，让他也做一篇八股文章来看看——这样一个好姑娘，天地苍黄，可惜那身影迟早会褪色成一张悬在墙上的画像，有面目，没模样。

　　所以我爱读《枕草子》，这样一本小女人写的书哦，处处都是一个正当着差却大脑溜号的小姑娘的小情小调，什么春天是破晓的时候最好，夏天是夜里最好，秋天是傍晚最好，冬天是早晨最好；什么子规躲在树荫里很有意思，杂木茂生的墙边，一片雪白的开着，好像青色里衣的上面穿着白的单袭的样子，正像青杓叶的衣裳，很有意思，什么梧桐的花开着紫色的花，很有意思，楝树的花像是枯槁了的花似的，开着很别致的花，而且一定开在端午节前后，很有意思。

所以小姑娘清少纳言对于那正确而很没意思之人和事，就很敏感了："在出外的路上……又有很整齐的童女，穿的汗衫并不很新，但是穿惯了有点柔软了，履子却是色泽很好，履齿上沾着许多泥，拿着白纸包着的东西，或是盒子盖上装着几册的书本，向那里走去，我真想叫了来，问她一番呢。在她从门前走过的时节，想要叫她进来，可是不客气地走去了，也不答应，那使用的主人毫不知情趣，也就可想而知了。"你看，这于一路美景毫不流连的童女，必是跟着一个毫不知情知趣的主人，以至于自己也变得毫不知情知趣。真的，若是这小使女肯停下来，一大一小两个姑娘，眉目如画，一应一答，虽是于正事无干，可是天地间却充溢着这刹那的芳华——我们很多时候，就像那个小小的，却郑重其事赶路，只做正确之事的使女啊。

人这数十年光阴，若行行步步总是在正确地读书，正确地工作，正确地结婚，正确地生儿育女，那就好比是席慕蓉笔下的花，郑重得没有一朵是开错了的——可是，那花儿绽放，原本便是怎样开都没有不对，若是当真要郑重地数着朵、打着旗号做着计划地去开，那盛放旖旎却像是原本好锦缎却变成了纸。

读到一本书，叫作《银河系漫游指南》，作者写我们栖身其中的这个叫作地球的星球，其实是老鼠定制，然后请人（准确地说，是外星人）在上面制造出种种的地形。就好比说一个叫作斯拉提巴特法斯特的家伙，就受雇制作了"挪威海岸"。而他设计的海岸线还获了奖。当然，这个旧的地球被外星人为了开拓超空间通道给"咻"地一下清理掉了——不存在了，然后，这个家伙又受雇继续制造出一个新的地球上的新的地形，比方说非洲。结果他做惯了海湾，于是又把非洲大陆也给做成了海湾——看上去虽然怪诞，但挺可爱。可问题是别人告诉他说它还不够接受赤道。也就是说，他做错了。于是，他发出空洞的笑声，说："这有什么关系？当然，科学能够做成一些美妙的事，但我始终认为，有比正确更令人愉快的事。"

你看，就是这样。

真的有比正确更愉快的事。我们在做事的时候，真的不必时时刻刻都全神贯注，谨小慎微。总有人告诉我们时间有限，生命有限，所以要努力，要竞争，要拼命，要用前半生的辛劳置换后半生的余裕。可是，为什么我们不能告诉自己，时间还充足得很，生命永远不会用完，天上的鸟不种不收，也能吃得上草籽和清水，哪怕偶然有那么一会儿，为什么不放松了竞争的弦歌，懈怠了端正的面容与身姿，抬头看看天，低头看看地，明眸善睐如春水秋水，做一些比正确更愉快的事，让生命开成一朵有许多花瓣的花呢？

安详不安详

"紫伞红旗十万家，香山山势自欹斜。酒人未至秋先醉，山雨欲来风
四哗。岂有新诗悲落木，怕揩老泪辨非花。何因定要良辰美，苦把霜林
冻作霞。"

这首诗的作者聂绀弩，1962 年秋游香山，层林尽染，作诗五首，此
是其中一首。我神经不敏感，读不出什么来。可是那时候有人读出了什
么，于是解读说："在这深秋的时刻，秋风飒飒，山雨欲来的前夕，面对
这落叶萧瑟的景色，伤感得写不出诗来，也怕拭清我这昏花老眼去辨认
那些是非。秋天就是萧瑟的秋天，可是有些人偏要把它说成是美丽的，
矫揉造作地把木叶冻作彩霞来装点这萧条世界。"

于是被关。受审。聂出狱后，"常常突然不讲话，一连数日向壁而
卧"。他死前说的最后一句话是："我很苦。"

他死后，出卖过、歪曲过他的人写怀念他的文章，里面深情一如
既往。

莫名想起一个词：安详。

安详不关世事只关心。世路总是崎岖的，风狂雨骤浓睡残酒瓢漂浪
打升迁沉浮。好比《儿女英雄传》里所说的："要知人生在世，世界之
大，除了这寸许的心地是块平稳路，此外也没有一步平稳的，只有认定

了这条路走。"

只是这条路也不好走。比世路更不好走。没谁不想要心外的福分，天资越高者往往人欲越重，也有人心性高而境遇顺，于是把轻佻误认作风雅，摇个白折扇就当自己是贵相公。这些人都与安详没有份。人的一生其实都如同做学生，学生下考场心是劈作两半，一半想着总算课业完毕，此后便可以好好玩了；一半却是又妒又恨，看哪个都像能考得好，考得上，偏偏自己是考不好，考不上的那一种，方寸心中顷刻起楼台，顷刻变灰烬，总是不安详。

小说《我的团长我的团》里面有个瘸腿的孟烦了，是彻头彻尾的聪明人。聪明到让热血也凉透了，对什么都厌烦，都冷嘲热讽，鼓其唇而弄其舌，煽阴风而点鬼火。可是大家看到他聪明的同时也看到他的狂躁，他没有力量。

幸亏到最后，他通过血战力拼尽到了自己的人生责任，"在千里崩溃的抱头鼠窜中抓住了希望"才赢得了这辈子的尊严和内心的安详。当他走在和平年代的街头，想起炮火硝烟中牺牲的战友，胸中只有深切的思念，而不必有刻骨的悔恨。

人可以选择为一个信念血战力拼，自然也可以选择为一种生涯放弃花花世界，只要你觉得值，你就肯。你肯，你的心就安详。安详的人命如土如铁，风雨不能摧。越南诗人一行大师说："我们的力量，来自我们的安详。"

所以安详永远发自内心，它不是"我站在城楼观山景"的故作逍遥，不是"世人皆浊我独清"的绝望痛恨，不是洞悉世事，通晓人情的练达聪明，它只如同十几二十年前一部电视连续剧《我爱我家》里片尾曲的一句歌词："内心的平安那才是永远。"

就是这样。谁能保证肉身永远不受损伤，保证它不受时光劫掠。那条条皱纹，都在替人细数流光。只要能够保证内心安详，便能得真正的平安。

喜爱日本良宽禅师的诗，从里到外，洋溢安详："生涯懒立身，腾腾任天真。囊中三升米，炉边一束薪。问谁迷悟迹，何知名利尘。夜雨草庵里，双脚等闲伸。"其实夜雨草庵不安详，升米束薪不安详，伸着双腿看炉火，也不安详。真正的安详在于你的心说：夜雨草庵是好的，升米束薪是好的，伸着双脚看炉火是好的，那么，它们才真是好的，才是真正的安详。

　　聂绀弩的心里不安详。那出卖和歪曲他的人，不知道心里安不安详。

越舞越孤独

刘备说妻子如衣服，按梭罗的说法，衣服是人的一层皮，那换算一下，应该是妻子是男人的一层皮。真是可怜，中国的观念里女人连一根肋骨都不配当，只是一层皮——还是表皮，可以轻易剥去——他不知道就是一件衣服穿久了也浸透了生人味，妖精和身边人都能闻得出来，更别说自己。

生为女子，爱闻衣香，对红楼里的着装无限神往。

下雪天黛玉"……掐金挖云红香羊皮小靴，罩了一件大红羽纱面白狐狸里的鹤氅，束一条青金闪绿双环四合如意绦，头上罩了雪帽"。一个细腻精致的小美人走在雪地里。十来个青春女子，十来件大红猩猩毡斗篷，衬着琉璃世界，白雪红梅，旷古绝世的美。

她们在天上，那潘金莲们这些妆幺大户的姬妾的服装就是不能比的了。她们挖空心思也就这水平："大红遍地锦五彩妆花通袖袄，兽朝麟麟补子缎袍儿，玄色五彩金遍边葫芦样鸾凤穿花罗袍……"不是袄，就是袍，不是袍，就是袄。

现代人口密集，争较日盛，人人都在防人欺，并且利用一切机会训练自己的攻击性，所以会西装革履盛行。这种服装本身的兵器味就很重，像佛祖脑袋后面的神光，把自己罩在里面，等闲人等不可靠近。适合职场穿戴，好比军人穿着迷彩服火拼。这种显身份和自我保护的服装其实有类于孔乙己那件长衫，不过比长衫更坚硬一些，穿长衫的孔乙己还肯给小孩子们分茴香豆吃，穿西装的怕是小孩子们围也不敢围一下子。穿这样的衣服可以相亲，却不可以恋爱，可以上班，却不可以旅游，可以动心机，却不可以掐架，尽管它一身的杀气，却又像一身铁皮，彬彬有礼，箍得人喘不过气。

现代是潮流，古典成了另类。我就是怀古也不敢逆潮流而动，实在没办法我就给我的QQ秀上那个穿三点式的小女孩子买了一套服装，其实是一件深蓝色闪光缎的斗篷，上面一闪一闪的星星亮，额上一条勒子。感觉好像芦雪庵争联即景诗里那个穿莲青斗纹锦上添花洋线番羓丝的鹤氅的薛宝钗，滋味不坏。

我的衣服全是中式的。冬天对襟中式羊毛衫，领口袖口镶滚，左上襟一朵丝线绣的小花，右下襟一枝开了的梅。穿在身上，低眉回首，脑海里一幕情景出现：好友来访，四目相对，红晕上脸，手被对方轻轻握住，自己心里叫一声我爱，你终于有来……感觉杜丽娘还回魂来，仍旧绿窗皓月，面前一个柳梦梅，没有枉了我夜夜等待。

夏天一件本白布衣，宽宽的七分袖，一走路就兜风，像飞起两只白蝴蝶。穿了几年，已经显旧，不舍得丢。穿上它就想起戏台上的白娘子，像一只白蝴蝶满场里绝望的飞。再飞也飞不出自己的命运，千年修行一旦抛，换来永镇雷峰塔的结局。不怪法海，怪她太痴。还有那个白衣素服来祭祷的祝英台，天下一般痴女子。这样联想好像不怎么吉利，不过没有关系，一样的爱和刻骨相思，一样的伤却无法化蝶。一样的，一样的绝望里下一场无法结束的透雨。

逛商场爱上一大块闪缎，浅紫的底子上一枝一枝疏影横斜的梅。一下子想起了穿旗袍的女子，如瀑黑发，如丹红唇，嘘气如兰，媚眼如丝，穿这样一身衣裳，不灭的忧伤，魅惑的美丽。

可是，我拿它怎么办呢？捧着这块因为爱就没有多加考虑买回来的料子，我只好去找一位熟识的同样有古典情结的裁缝要主意。她给我做了一件坎肩，偏襟小立领，沿深紫绸边，盘深紫凤展翅纽扣。做得了却没办法穿，它的表演性太强了，我的讲台不是 T 型台，我也没有那股子模特身材和气质。从它诞生的命运好像就是要被我锁在衣柜，独自在光线朦胧中散发幽幽的香气。谁让你生就这样的色彩，长就这样的款式，既美丽又见不得光，只好当金丝雀来养，为我一个人歌唱。

爱衣也穿不尽天下衣，只珍重手里的这几件宝贝，因为它们沾了我的气味，代表我的一段圆月花朝的回忆。

哪一天老掉了，还有心情检点旧物，搬出年轻时的颜色衣裳，细细端详，默数流光。好多陈年旧影在心头飘动，遗忘的人和事原来并不是真的遗忘。一个一个的自己穿着它们在眼前跳舞，越舞越孤独。

大吉葫芦与天地之美

今年的第一场雪驾风而至，天气冷得出奇。面前一片滹沱河的大沙滩，无边无际，草叶草果上都凌霜挂雪。一湾细水，不知道从哪里流出来，曲曲折折深入沙滩腹地，汇成一个小湖的样子，冒着摇曳的热气，倒映着草色烟光，美得也出奇。

乱跑，大叫，气喘吁吁立定，环视左右，很开心。这种感觉不像怀揣一沓钱，手拿一摞稿费单，加薪晋级，这些事情当然也开心，但不会开心到大叫着像风一样跑来跑去，上面是天，下面是地，中间是一个渺小而快乐的自己。主要是天地太大了，雪景又太美，没有那么多的规则钳制，利禄纷争之心自己就会知退避。

大约有一年，两年，或者三年？没有真正玩过雪，甚至没有关注过雪什么时候飘落，又什么时候消失。也是，大白菜越来越贵，工资的涨幅却总是很低，取暖费是要交的，柴米油盐是要买的，孩子上什么样的辅导班好呢？唱歌？跳舞？或者干脆学写字——看她的字像横斜下落的不讲理的雨，不像秀才妈带出来的闺女。书粮告罄，该买两本了，同事生了孩子，需要随份子……脑子里装的事情越多，脸上的笑容就越少，更遑论高呼乱喊，忘情乱跑——即使别人不笑，人到中年，自己也觉得不好意思。

如今的忘机，想来是因了天地之大美。

不愿参加同学聚会，或者同事宴饮，因为所到之处无不像一汪白茫茫的大水，人像一只只葫芦，水里沉浮，忙忙碌碌。既是忙碌，必有目的，既有目的，必有悲喜，弯弯月儿照九州，几家欢乐几家愁，少有人眉宇间带出来从容不迫的静气。你与我，我与他，他与你，兜兜转转，转不完的圈子，动不完的心眼子，应酬不完的人和事，眼睛里闪着神秘莫测的光，胸中是别人猜不透的哀乐悲喜。

去故宫，对玻璃匣子里的大吉葫芦备极赞叹。一个小小的葫芦，上面怎么精雕细镂了那么多繁复的花纹，巧夺天工，此之谓也。还有那么多的簪、钗、炉瓶三事，个个备极精细。可是有什么用呢？如苏州园林，湘绣花饰，方寸间有一种不为人知的落寞的精致。

有时感觉人也像一个有着繁复美好花纹的容器，比如故宫里那只大吉葫芦，或者一根绝美无对的盘肠簪，用一生的时间雕刻自己，越刻越精致。大多数人，包括我，都是走的精致的路子，或者一心向往精致，于是像一根好木，细雕细镂，比而又比，劫而又劫，到最后虽然玲珑细巧，却脆弱无比。所以现代人闹病的多，身体和心理都有点不堪一击。背负的东西多了，手里的刻刀下得太狠，到最后无法回头的时候，想后悔都来不及。

其实，真正的大美不是繁复的花纹，精细的雕镂，奇绝的设计，也许就是这样蓝汪汪混沌一块的天和地，静默地站在这里，还有纷纷扬扬的白雪。就像鲍尔吉说的："人之手下无论多么巧妙的制品，刺绣也罢，园林也罢，总是极尽复杂，然而观者一目了然。自然展示的是单纯，好像啥也没有，浑然而已，给人以欣赏不尽和欲进一步了解却又无奈的境界。"让人看了，想了，想说些什么，却想不起该说些什么来。一霎里心里很空，很远，欲泣。

六朝是一个退避的时代，多少人退出万众瞩目的舞台，退进自己的心里；退出繁华的锦帐和名贵的乳豚，退进青蔬糙米、竹塌木床的世界；退出你进我退、你生我死的激烈争斗，退进如鸟一样啄露而歌，依枝而栖的安然的无忧与欢喜。一步步退下去，一步步挣出来，远离繁华的人间喜剧，靠近沉默而无言的天地大美。所以有许多人忘情，醺然而醉，箕踞而歌，抱琴而弹，雪夜访戴。

也许，无论生活在哪一个时代，无论占据什么样的地位，无论心里有多少欲求还未得到满足，无论多么普通微细，也是需要偶尔的忘情的，这种忘情就好比对世情偶尔的背叛和淡忘，有一种小青年骑脚踏车，偶尔双手撒把，在人群中轻倩地招摇而过的欢喜。

天地是仁慈的，它不言而言，对每一个生灵都有悲悯和启示，只是被我漫不经心地忽略。回顾三十多年的经历，也许本来可以让自己活得更简单美好一些，可是却无法把一切推倒重来。我蹲下来，抱住身子。当一切都被真正意识到却无法回头的时候，心里的惊痛让人无法站立。

过这样一种生活

摆脱激情和欲望，心灵冷静而达观。痛苦和不安只从内心生发出来，也只从心灵深处消除，而消除它们最初也许要用一年，用数个月，渐渐只用几天，甚至是一天，几个时辰，甚至痛苦和不安一经生发，即告消散，就像水滴落进炽热的火炭。

既坚持劳作，又退隐心灵，保持精神一隅的宁静。

让思想严肃、庄重而纯真，让生命甜美、忧郁和高贵。

学会沉默，因为没有太多闲暇。学会尽义务，爱孩子，爱爱人，爱父母，爱他们胜过爱那些所谓紧迫的事务。

既不被别人左右，也不去左右别人。

不奇怪，不惊骇，不匆忙，不拖延，不困惑，不沮丧。不用笑声掩饰焦虑，对幸运的事情不推辞，不炫耀，毫不做作地享受，失去也不渴求。

一日之始，即意味着将会遇见好管闲事的人，忘恩负义的人，傲慢的人，欺诈的人，嫉妒的人，孤僻的人，但是，不要恨，要怜悯，因为他们知道善恶而无力选择善，知道美丑而不觉己身丑。

每时每刻都要思考，以摆脱别人的思想，也不把幸福寄予别的灵魂。不去注意别人心里在想什么，像往泥里钻的葡萄根，而注意自己心里在想什么。不让自己的心声寂寞地说出来，又寂寞地消散，要听得懂你的灵魂在唱歌。

不因为想得到，所以去伤害，因为因欲望而引发的罪恶比因失去而引发的罪恶更罪恶。

不摧残灵魂，不脱离本性，不因为被排斥和被攻击而愤怒，不过于欢乐和痛苦，不言行不真诚，不做事不加思考。

不怕死，因为死合乎本性，所以死不是罪恶；而怕生命消散之前，对事物的观照和独有的理解如雪冰消。

尊重自然，花正开放，果实腐烂之后却留香，谷穗低垂，猫跳跃，小鱼在水里游动。尊重自然会使心灵愉悦。

不因装得有学问而丧失自己的思想，不喋喋不休和忙忙碌碌，让嘴巴空闲下来，身体如何有可能的话，也不必转动得像陀螺。

知道安宁不是别人给的，知道没人可以随心所欲，知道被称赞，被仰望，被逢迎，不等于被接受，被喜爱，被尊敬。既然被接受、被喜爱、被尊敬都比不过心灵的自足重要，那么被称赞、被仰望、被逢迎更没什么大不了，被仇视、被轻蔑、被诋毁，更没什么大不了。

保有野心，妄想保持完整的灵魂。

没有奴性，没有诈伪，不太紧密地束缚和被束缚，又不太疏离地分离和被分离。心灵的磨炼好比在树身上揭皮，心灵的净化好比在血里提纯，两者既痛苦又必要。

尊重自己的意见和看法，尊重自己产生意见和看法的能力，也尊重别人产生意见和看法的能力，只要它从心而发。

保持心灵的圣洁和纯净，仿佛你从宇宙间借来一块黄金，最终还要原样奉还。

抓紧今日起所有的日子，不游荡，不枉费，现在就读以后想要读的书，因为怕到了晚年就没有了精力，记忆力也会衰退。自己帮助自己，不把希望维系在他人，就像不拿细缆绳牵住一叶扁舟，怕风大雨大，会把它刮走。

别人的调情不要理，因为他们对一千个人说同样的话，却努力让你觉得你是唯一的那一个。

隐退。不是从市廛隐退到乡村，从广厦隐退到茅居，山林海滨之地也不是隐退的目的，隐退是为得宁静，而宁静不过是心灵的井然有序。

有人赞扬你，看看他是什么样的人，看看他对你的赞扬是多么的狭隘，然后让你的心灵安静下来。时间无尽，你和赞扬你的人却马上就要消失，想到这里，有什么好得意？

有人伤害了你，把"我受到伤害"这个抱怨丢开，然后你会发现，伤害也不存在了。

不因为那错待了你的人往左看，你就往右看，也不因那你崇敬的人往左看，你就往左看，那都是不公平的，按人和事的本来面目去看待人和事。

既然活不了一千年，就不像将要活一千年那样行动；即使能活一百年，也只像能活一年那样行动。

沿着正直的道路前进，不环顾别人的歧途曲径，避免烦恼倍生。

不害怕死亡，不贪图赞誉，因为死亡会毫不掺假地降临，赞誉却有时会不分青红皂白。生前事和身后名，哪个更重要？

与宇宙和世界和谐的东西，也要与我和谐，与宇宙和世界恰如其时的事，于我也是恰如其时。我闻花香，像花一样盛开，吃果子，像成熟的果实一样发出香气，我也是自然的一枚果实。

只做必要的事情，必要的事情总是很少，做完之后可以有足够的时间沉思。

有人对你行恶，有什么事在你的身上发生，那必是千百年来宇宙和世界专为你织就的一件因果衣，代表着冥冥中存在的秩序。

从自身汲取力量和精神，不依靠他人。

不成为任何人的暴君，不成为任何人的奴隶。

人们代代婚育、生病、死亡、交战、饮宴、贸易、耕种、奉承、自大、多疑、阴谋、诅咒、抱怨、恋爱、聚财、欲求王者的权力，然后代代不复存在。日光之下并无新事，所以不过分关注小事。

既已不久人世，努力朴素单纯。

像王者一样沉思。

你不是身体，你是一个带着躯体的小小灵魂。

做悬崖边的石头，被大浪击打，到最后，却驯服了狂暴的海浪。

盘点过去，看你忍受过多少困难，见过多少美丽的事物，蔑视过多少快乐和痛苦，对多少心肠不好的庸人表示过和善，然后走正确的路，正确地思考和行动，在幸福的平静流动中度过一生。

以保有安妥无恙的灵魂为最大幸运。

报复伤害你的人，不是变成像他那样作恶的人，而是不变成像他那样作恶的人。

尽量无视环境，不断回到自身，和不好的环境也能达到较大的和谐。

体重和生命的长度都是分派好的，所以不企图改变命定的份额，不增肥，不减重，不因为想长寿而做很大的努力，吃很多的药。

不随便发表意见，因为你并不会确切了解事物的前因后果，轻易之间，也许就会盲目定一个人的罪，同时扰乱自己的灵魂。

不因未来的事困扰现在的你，假如它必然发生，那就无法阻挡，假如它未必发生，就是杞人忧天。

不横眉立目，不蹙眉苦愁，因为这样的神态都是不自然的，会丧失天然的美丽清秀。

不加入别人的哭泣，不有太强烈的感情，具备强大的理智和清醒。

眼里有星球运动，少些邻里纷争，眼里有缩微的世界，少些尘世的芜秽荒杂。眼光更高远，灵魂才更自由。

看人，看人们的聚集、军事、农业劳动、婚姻、谈判、生死、法庭的吵闹、不毛之地、各种野蛮民族、饮宴、哀恸、市场，努力让自己的眼光像上帝。

防止傲慢，超越快乐和痛苦，不热爱虚名，不为忘恩负义的人烦恼。如果有力量，就做当做的事；如果没有力量，就不责怪自己或者责怪别人。

对人说话恰当，不矫揉造作，言词简明扼要。

果子坏了，扔掉它。脚上有刺，拔了它。不去问个不停：果子为什么坏掉，脚上为什么会有刺。

行动要敏捷，谈话要有条理，思想要有秩序，灵魂内部要和平，生活宁静而有余暇。

不去作恶，也不让别人的恶行影响自己。

不悲叹，不不满，不像一只猪被托上祭盘，挣扎和叫喊——喊了有用吗？

不相互蔑视，不相互奉承，不一方面希望自己高于别人，另一方面又匍匐在别人面前。

不对的，不做，不真的，不谈。

掌心化雪

这是一个真实故事。

她丑得名副其实，肤黑牙突，大嘴暴睛，神情怪异，好像还没发育好的类人猿，又像《西游记》里被孙悟空打死的那个鲇鱼怪。爸爸妈妈都不喜欢她，有了好吃的好玩的，也只给她漂亮的妹妹。她从来都生活在被忽略的角落。

在学校，丑女孩更是备受歧视，坐在最后面，守着孤独的世界。有一回，班里最靓的女生和她在狭窄的走廊遇上，一脸鄙夷，小心翼翼地挨着墙走，生怕被她碰着，哪怕是衣角。丑女孩满怀愤懑，又无处诉说，回家躺在黑暗里咬牙切齿，酝酿复仇——她要买瓶硫酸，送给同班的靓女；甚至妹妹也要"变丑"，逼着父母学会一视同仁。

不是没有犹豫。她一直善良，碰见走失的猫狗都会照顾。于是，她蒙着纱巾，遮盖住丑陋的面孔，去见中科院心理研究所的老师。哪怕对方有丁点厌恶，都足以把她推下悬崖。

老师眼神明净，声音柔和，鼓励她解下纱巾。她踌躇地照做了。老师微笑着起身，走过来，轻轻拥抱住她。那一刻，陌生温暖的怀抱，化解了她身上的戾气，让她莫名落泪。从此，丑女孩一改阴郁仇视的眼神，微笑的她最终被父母、同学接受。

只需一个拥抱，就能改变一个人的一个小时，一天、一个月，乃至一生。

平凡如我们，都需要这样的爱，相互鼓舞慰藉。

记得有一次，我去医院看眼睛，被点了药水之后，刚才熟悉的世界陡然陷入黑暗。身外一片人声扰攘，脚步杂乱，我却战战兢兢不敢举步，恍惚只觉面前横亘万丈深渊。幸好有只手伸过来，轻轻把我送到长椅上坐定。这只陌生的手让我渐渐安心，心情坦然。

我的先生只是市井小人物，但是"无缘大慈，同体大悲"的精神，深入骨髓。他每月工资少得可怜，从不肯乱花一分钱，但是身上总是带着硬币，施与沿途乞讨的老人。有一天，我们结伴回家，他看到一位老人在秋风中双手抱膝，脑袋低垂到胸前，瑟瑟颤抖，马上掏出零钱，又拉着我走到附近一家小吃店，买了几个热包子，放到老人面前。他做这一切都很自然，从不骄矜自喜，反而觉得羞愧，羞愧自己能力不够，无法盖得广厦千万间，大庇天下寒士俱欢颜。

这个世界流行的是强者和超人，渺小如蝼蚁、脆弱似玻璃的小人物，更需要洞察幽微的眼睛，需要有力的手，带他们走出窘境。假如你碰到黑暗里挣扎的人，请不要背过身去，伸出一只手，就能给对方一个春天，让一颗心慢慢复苏。即使对方并不知道你是谁，也会一直记得你掌心的温度。

不以善小而不为——一个温暖的眼神，一句轻轻的鼓励，都足以变成一个人心中的蜂飞蝶舞，水绿山蓝。因为现实如此冰冷坚硬，人心更要柔软，好比掌心化雪，滴滴晶莹。

◇　本文选自盐城 2007 年中考语文试题

　　看这个世界红了樱桃，绿了芭蕉

蜘蛛的哲学

腰病重了，刚起来不几天，又开始卧床休养，心里十分丧气：今年是我的灾年吗？房贷是要还的；老父亲的病更是要治的；孩子还小，两天不管，她就像钻天猴似的；你看我，工作也撂了，家务也照管不了，每天三大碗的中药，不喝也得喝……生活真是一团糟，糟透了。

先生把我扶下楼，说走，我带你看一样东西。

我跟他来到一个小树丛，里面结着一张大蛛网。他从旁边的狗尾巴草上摘一粒草籽撂到网上，有只蜘蛛马上跑了出来。估计它躲在暗处，一只脚搭在丝上，守网待虫呢。结果令它失望——它捧起草籽咬了咬，原来不是虫子，就举起来往后一扔。我看得有趣，扑哧笑出来。先生又捻下好几粒草籽，往网上一撒，蜘蛛一通紧忙活，一个一个地咬过去。咬一个，不是，一扔；咬一个，又不是，又一扔。一会儿的工夫就把网上的草籽择干净，然后又回到洞里，继续守网待虫。

先生很坏，捋了一大把草籽，往网上"刷"一扔。蜘蛛闻风而动，一看整张网上都糊满了草籽。自己的家搞得一塌糊涂，有点丧气，待在那里好长时间一动不动。我以为它要转身回洞，把这张网弃之不用，没想到它的举动匪夷所思。只见它爬到网的中央，几只脚紧紧扣住网，开始一上一下地振荡，刚开始幅度很小，后来渐大，如同摇筛，甚或如在海上掀起的狂风巨浪。网上密密麻麻的草籽纷纷摇落，大部分都承受不住晃荡的力量，掉下来了，剩下的草籽零星粘在网上，它又开始故技重演，抱起一个一扔，再抱起一个又一扔，一会儿工夫就把自己的家清理得干干净净。

我看着蜘蛛，不说话。惭愧，我不如它。它不仅能够把错综交织的丝线结成一张漂亮的网，而且能够把粘在网上的杂质聪明地清除。我这张网却收得太紧，不再是生命展开的平台，反而成了束缚生机的绳索。父亲有病，看就是了。我有病，养就是了。房奴当上了，也可以当得很快乐。孩子一日不辅导，她也未必就不晓得上进了。人生于世，一颗心就是一张网，丝丝相连，线线相交，上面难免会粘上各种各样的杂质，要学会聪明地拣择。

1965 年 9 月 7 日，世界台球冠军赛在美国纽约举行，路易斯·福克斯一路领先，稳操胜券。当他又要去击球时，一只苍蝇不请自来，绕着他的球飞来飞去，引得观众哈哈大笑。这一切使他愤怒至极。他不停地用球杆击打苍蝇，一不小心却使球杆碰球，他失去了一轮机会。更糟的是，他因此而方寸大乱，连连失利，丢掉了冠军。回头他越想越懊恼，竟然投河自杀。

说实话，福克斯不是被苍蝇害死的，而是被他自己心头的那张网给缠死的。过于渴望成功了，就害怕外界的哪怕一点点细微的打扰，才会对一只小小的苍蝇斤斤计较；过于害怕失败，才会被失败的感觉紧紧缠绕，除了选择死亡，不知道如何解脱。

我也是的，先是把生活想得太复杂，又把一时的挫折想得太糟糕。蜘蛛脑子里就没有这么多的东西缠绕，它生活简单，目标明确，懂得鉴别，懂得选择，这就是它的哲学——生命越简单，就越有效。

◯ 本文选自辽宁锦州 2007 年中考语文模拟试题

一条通向灵魂的道路

晚上，看到中央一套水均益的高端采访，被采访者是西班牙舞蹈家阿依达。她带着西班牙弗拉明戈舞《莎乐美》来中国演出，用身体的律动表达一种超越了欢乐和痛苦的、直逼生命深处的悲情，她的舞姿给人感觉是，她把生命化成一团燃烧的火。

看她的舞蹈，谁也想象不到她是一个病人。当年，十岁的小阿依达正劲头十足地活跃在舞台上，剧烈的背痛让她突然无法活动，经过诊断，她患了脊柱侧弯，而且很严重，已经弯成了 S 形。S 形的脊柱怎么能支撑身体呢？十几个医生都给她下了禁令，要她彻底离开舞台，否则她的脊柱会越来越弯，她会越来越疼，终有一天，她会死。小姑娘不明白死意味着什么，对舞蹈的热爱让她满不在乎地回答："哦，不，我就是要跳舞，哪怕死在舞台上。"

从那以后，她就一直戴着折磨人的金属矫正器，跳啊跳。一路舞遍全世界。过海关的时候，她把自己的矫正器从身上摘下来，搁在包里，但是过安检门时，电子警报器照样会响，搞得气氛大为紧张，于是她就把包拉开，让人看这么多年一直支撑她的钢铁骨架。水均益问她："跳舞的时候怎么办呢？""啊，"她笑着说，"跳舞的时候摘下来，跳完再戴上。"

看着已不年轻的阿依达，每个人都很明白岁月和疾病的残酷，二者联手，不会让这个女人长久活跃在舞台上的。"那么，"水均益问，"你想过自己还能舞多久吗？离开了跳舞，你怎么办呢？"阿依达露出明快的笑容："我将一直跳到实在跳不动为止。然后，我就退下来当舞蹈教师，仍旧可以活在舞蹈中间。"水均益接着问了一个每个人都想知道的问题："对你而言，舞蹈占什么位置？"她想了一下，很诚实地回答："好多人都问过我这个问题，可是我也说不好。对我来说，舞蹈就是生命，生命就是一场舞蹈，除了死亡，没有什么能阻止我一直跳下去。"她不肯和命运讲和，她就是要跳，无论前面是鸿沟、海水、天堑、荆棘，她都要一路舞着过去，哪怕一路走一路鲜血淋漓。

这样一个有着坚忍意志和取得了巨大成就，把西班牙民族舞介绍给全世界的人，竟然很低调。她坐在那里，一直微笑着，有时笑出声来，就像一个平常的家庭主妇的声音，沙哑和低沉。她并不觉得自己取得了多么大的成功。她说："所谓的成功，不过是一个过程。"正是对舞蹈的痴迷，让她忽略了表面上的"成功"，而在舞台上孜孜不倦地表达对生命的热爱，对艺术的追寻。

基于这种热爱，她准备在中国开设弗拉明戈舞培训班。我不敢说她一定能够成功，能够关注生命和艺术的人毕竟不多。但是她的一句话深深打动了我：她说，"我想用弗拉明戈舞修筑一条通向灵魂的道路。"

这是一个舞蹈家最深刻的宣言，她所做的一切，摒弃浮华，直指灵魂。一个长久沉浸在美和艺术中的人，对生命格外敏感，才会有这样的目标指向，而这种指向，使她成为在舞蹈和生命道路上的一个坚忍的朝圣者。

我想起了古往今来的艺术家们，包括达利、毕加索、作家塞万提斯和他创造出来的那个执着而癫狂的堂吉诃德，凡·高、屈原……他们不约而同地代表一种精神，在这种精神支配下，进行舞蹈、写作、绘画、雕塑，或者四处闯荡，渴望通过种种方式，到达生命的核心，看看那里面都有些什么。

这样的人，没有时间为自己的所谓"成功"自满，也不会通过绯闻自抬身价。走在大街上，没有人注意他———他的身上散发的，是深沉而内敛的光华。

本文选自江西省 2007 年中考语文模拟试题

第八辑
必经之路

散落天涯

我们的高中老师，现在估计得有六七十岁了，当时就是三四十岁的模样。他有两个女儿，大的和我同班，小的低我一年。同班的那个胖胖的，很可亲，各方面都中等。对这个老师的最深印象，是鬈曲的头发（自来卷），阴鸷的眼。教英语的咬舌音的时候，眼睛瞪得很夸张。他是班主任，开班会，瞪着眼，叉着腰，说："你们，做人要清正！当年我当兵的时候，最恨那些乱走后门的人！"

他留在我记忆里最深的一个镜头，是拿着一张保送上大学的意见表，挨个询问班里的同学们。到我这里，他说："你对保送王蔷上大学有什么意见没？"我傻乎乎地摇摇头。反正也轮不到我，所以习惯性地不操心。他面带喜色，说："你也认为应该保送她，是吧？对嘛！她就是品学兼优嘛！虽然她是我女儿，可是我也并没有偏袒她嘛！"

于是，高考前我们跑操、上自习、学习学习再学习，王蔷同学悠悠闲闲地浏览学校报栏里的报纸。现在，她已经是大学教授了吧。毕业后我见过英语老师一回，穿着白衬衫，推着自行车，还是倍儿精神。和我同行的同学拉拉我，说："快走，快走。"于是擦肩而过。到现在我没有一张毕业照，所有同学都没有。照了，是班主任帮我们照的，我们交了冲洗照片的钱，却没有拿到照片。一生的遗憾。

不知道我们的高中历史老师还健在不健在。十几年没有见到他了。我们毕业他退休，我已经毕业二十多年。大大圆圆的头壳，光得来寸草不生。说话的时候脖子习惯性摇啊摇，像不倒翁。一米八的大个子，欢眉大眼睛，不笑不说话，一说话满口的白牙都笑出来了。我历史学得最好，高考的时候别的科目都是估分，到了历史这里，随口说了一个74。分数下来，别的科都多一些或少一些，这个74准准当当，一分不多，一分不少，如有神助。到现在我还记得1861－1865年美国的南北战争，还记得罗伯斯庇尔的生卒年月。

有一次他把我叫到办公室，我以为又是让我替他看卷子，谁知他把门一关，很严肃地问："怎么了？这段时间怎么不开心？"我吓一跳。

我失恋了，你怎么知道？

我赶紧说没事没事，学习有点累。

"哦"，他放心了，"没事呀，别那么拼，文科的东西，记一记背一背，不会得零蛋。你又聪明，好赖总归有个大学上……"事实证明，他说得对，我真的好赖有个大学上，读了一个专科。读大学的时候，特意给他去了一封信，向他解释那次我对他撒了谎。也说不清为什么，就是觉得不向他解释清楚，心里有亏欠。

大学毕业后我见过他两面，都是在他家的小院门前。他扶着门框，还能一口叫出我的名字，古铜色的脸有些苍颜。后来就再也没有见过。老师，您还好么？您还在么？我如今也不快乐，胖胖的身材清减十多斤，再也没有人把我叫到办公室，问："怎么了？"

我好想你，老师。

高中的老师，印象鲜明的就这两个。还有两个，一个教政治，一个教体育。教政治的女老师酷爱讲评书，到现在我还记得她给我们讲曹操被刺，猛一转身……教体育的男老师和她是两口子，打架打到操场上，政治老师拎一个小板凳，满场追。

到现在，我都不能直视"煤炭"二字。

我后桌两个男生，一个长眉细眼，面白皙，写一手好硬笔。读大学和我是隔班同学，如今据说在省政府做事；另一个，弯眉圆眼，也不丑不黑，戴眼镜，有胡须，脑袋瓜子聪明得来像个鬼。老师刚讲前半段，后半段他就能完全理解。我们班主任就说："将来如果我们班出一个上北大的，就是你小子。"我们前后桌经常蔫淘犯坏，到如今玩些什么不记得了，他揪我小辫子的仇被我记得死死的。

我们那一届刚时兴分数出来再填报志愿，结果他的分数出来让人大跌眼镜。比我略强一些，北大？呵呵。后来他上了和煤炭有关的一个什么学院，写信给他同桌，他同桌又复述给我听："我只看到了某某学院这几个大字，却忽略了前面还有两个黑色的字：煤炭。"现在？不知道他在做什么。老同学，你还好吗？抱歉啊，我连你的名字都忘了。

还有一个同学，圆脸，戴眼镜，长脖子走路的时候往前伸。冬天两手缩在袖子里，脖子缩在领子里，像个要缩进壳子的胖胖龟，抱着饭盆扫视饭堂，眼镜片射寒光。现在他好像已经是国家部委的一名干部，衣锦荣归都会受到政府部门的热烈欢迎和热情接待。同学聚会的时候，他也回来，很夸张的一个胖子，一帮男生围住他说东说西，他的眼光从我脸上滑过去，像水银泻地，不留一丝痕迹。五洲兄，你已经不认识我了。

外面雷霆闪电，雨骤风狂，想起读高二的那一年。头高考一个月。天气闷热，好不容易外面下起了雨，凉快起来，极度疲乏的我们沉入黑甜乡。朦胧中听到有声音远远地传过来，好像有人在哭，还伴有什么碎裂的"哗啦哗啦"声，由下而上，由远而近。外面狂风暴雨，电闪雷鸣。我三爬两爬爬到邻床和一个同学抱成一团。

声音近了，是个女声，一边痛哭一边发恨声，然后一棍子下去，就听"哗啷啷"的玻璃碎裂，就这样"砰砰梆梆"。第二天起床，从我们住的五楼直到一楼，楼道里满铺了玻璃碴子，到处血迹斑斑。

原来是高三一个学姐，学习到半夜一点多，抄起厕所一根木棍，开始揍玻璃。等到班主任赶来，五层楼的玻璃一块完整的都没有了，她的手上，身上，脸上已经被像瀑布一样飞下的锋利的碎玻璃给扎得不能看。当天夜里她被送回家，半路上清醒过来，说："老师，别跟我家里说我犯迷糊了呀，快高考了，我爹妈会伤心。"刚强的男子汉热泪滚滚，说："傻孩子，我不说。没事的，你在家歇两天再来。"

这一走，再没有了音信。只有她打碎的玻璃和满地淋漓的血迹印在我的记忆里，觉得它暗示着一种结局。

我们的高考乏善可陈。唯一记得的是天气又热又闷，一个宿舍装八个姑娘，没有风扇。我堂兄当兵，从部队带回来一顶蚊帐送我，厚如棉布。外面蚊子嗡嗡嗡，蚊帐里面似蒸笼。凌晨四五点钟才迷迷糊糊睡去，一合眼一睁眼，就该进考场了。

考的什么不记得，考得怎样不记得。反正是考完了。一个女同学，娇娇小小的，说："谢谢你呀，老闫，这么鼓励我。"我看一下，是她文具盒里夹的一张纸，上面写着："加油，你行的！"可是，不是我写的。我向来不是一个很会表达自己的关心与关切的家伙，所以我红着脸不说话。直到现在，我们还是好朋友，过年我会去她家，她做一桌子菜。

还有一个同学，名字我也记得，面容我也记得。中分的头，短短的胡髭，走路有些横着身子，像下斜雨。半低着头，从眉毛底下看人。一次开联欢会，他唱歌，我那个长俩大虎牙的同桌哦，激动得拉我的胳膊："听，听，唱得多好！"对了，《一无所有》。现在闭上眼睛，好像那种沙哑的，压抑的，像是被蒙住暗燃的火炭一样的声线，还在耳边萦绕。可是他的人已经不在了。自杀了。死前得了酒精依赖。真的是一无所有，啊，一无所有。

可是，我一个班里，不会只有这几个同学啊。别的同学，你们都去哪里了？老师们呢，都去哪里了？又是一年高考季，一个个考场里拥出来的一个个孩子们，把书本撕掉，烧掉，扔掉，把一切都处理掉，转身自以为能够轻快地走掉。

可是，知道不知道，你们的青春，就这样散落天涯。

鸭子胸前的玫瑰

一只鸭子最近老觉得有什么东西跟着自己，一扭头，看见一个人，长着一个骷髅头，穿一身黑黄格子的长袍——也许是睡衣？他整个人也长得黄乎乎的。背在背后的黑乎乎的手里拿一枝红玫瑰——其实也不是红啦，是黑红黑红的颜色，好像凝血。

鸭子问："你是谁？"他说："我是死神。"

鸭子吓一跳。

鸭子还以为他是来带它走的呢，但是不是。他只是陪着它，据他说从鸭子一出生，他就一直陪着它了，好"以防万一"。至于这个"万一"是什么，那肯定不是咳嗽啦，感冒啦，碰上意外啦，或者说是遇上狐狸，因为那是生命之神的工作。至于这个"万一"是什么，死神仍旧没有说。

不过，这个死神好友好啊，还对鸭子笑呢。鸭子甚至忘了对死神的害怕，还邀请他到池塘里玩，死神想："真是怕什么来什么。"

在池塘里，鸭子一头扎进水里捞小鱼，把两只脚丫子和庞大的屁股都倒着竖立在天上，屁股上还有圆圆小小的屁股眼。死神可不，他说："请原谅。我必须离开这个湿乎乎的地方。"原来他讨厌水。死神也有害怕的东西呢。鸭子以为他冷，于是就把自己全身覆盖在死神身上，为他取暖。它一旦放松了劲道，就软软的像给死神盖上一件不太严实的毛皮大衣。死神想：还从来没有谁对自己这么好过呢。

第二天早晨，鸭子一睁眼，发现自己没有死，高兴地呱呱大叫，和死神东说西说："有些鸭子说，我们死后会变成天使，可以坐在云端往下看。"死神被它吵醒，坐起来附和说："很有可能。你本来就有翅膀。""还有些鸭子说，深深的地下就是炼狱。如果活着的时候不做一只好鸭子，死后就会变成烤鸭。"死神说："你们鸭子真能编些离奇的故事。不过，谁知道呢?"死神一边和鸭子在一起走，一边双手仍旧背在背后，手里想必仍旧拿着那枝从来不离手的黑红玫瑰。

死神邀请鸭子爬树，鸭子的眼瞪得圆圆的：这它可不擅长啊！不过经过一番艰苦卓绝的努力，它还是和死神一起坐在高高的树冠上。遥望整天戏水的池塘，鸭子难过起来了："有一天我死了，池塘会很孤单的。"死神说："等你死了，池塘也会陪你一起消失——至少对你是这样。"鸭子说："那我就放心了。到……到时，我就用不着为这件事难过了。"它还是说不出"到死时"。

很奇怪，当我听到鸭子这样说的时候，我也放心了。原来等我死的时候，我所深爱与相伴的这一切，天空、大地、风、日、云彩、我的书、我写过的字，都仍旧在陪着我。我闭上眼的那一刻，我带走了属于我的整个世界，这样，我的天空、我的大地、我的风、我的日、我的云、我的书、我的字，就都不用孤单了。当然，我也不孤单了。

一天晚上，雪花轻柔地飘落，事情终于发生了。鸭子不再呼吸，把身子挺得长长的，长长的黄嘴巴竖直地冲着天空，两只小黄脚丫并在一起，眼睛闭起，像一弯上弦月。它死了。"死神抚平了鸭子被风吹乱的羽毛，将它托在双臂上，来到了一条大河边。"鸭子的脖子在他温柔的臂弯里柔软地垂落下来。死神把鸭子小心翼翼地放进水中，然后轻轻一推，送它上路。鸭子在水里，就像在它自己的眠床上——水本来就是它的眠床，两翅并拢，长嘴向天，两只铲子一样的小脚乖乖地并拢，眼睛美美地弯成上弦月，顺水流去。它的胸前，放着那枝玫瑰。

死神一直在陪伴，在等待，等待用玫瑰温柔地送行。

这本德国沃尔夫·埃布鲁赫画的绘本《当鸭子遇见死神》，笔触不算漂亮，造型也不空灵，颜色土土黄黄，一点也不粉嫩，可是实在、踏实，好像人们常吃的面包。看了他的绘本，就觉得好像死神就应当是这个样子的。干吗非得拿着长长的弯柄镰刀穷凶极恶地收割生命呢？要不然就像美国电影《死神来了》那样，对生命穷追不舍？死亡就是一个温柔的骷髅头，消解了时光的丰稔肥艳，穿一身家常的睡袍，毫不起眼地随在我们左右，直到生命尽头。当我们死去，他会惆怅，然后放一枝玫瑰在我们的胸前，送我们安详上路，启程到另一端。

一个女友的母亲得了不好的病，她把母亲送到医院，然后看见炼狱般的景象。求医者无分老少，脸上满满的写着痛苦、恐惧、麻木和绝望。一个老和尚被几个小和尚服侍着，也来问诊。女友说，和尚不是看透生死的吗？为什么也如此执着？可是生与死，哪能看得那么透彻，可怕的死亡在即，谁又能不那么执着？

大概没人会相信，一个四十多岁的中年女人，看惯了也习惯了世界和自己的铁石心肠，当看到鸭子胸前的玫瑰，大哭了一场。

谁想天心月圆，就快快行动

娘家的大伯母殁了，赶回去送灵。七十六岁，不算夭寿，门前来来去去的人，并无几个有悲戚之色，一拥一簇，工蚁一样忙忙碌碌，哼着歌儿盘大锅，支礼桌，吹唢呐，敲鼓。

女眷进门，敲鼓两声，孝布蒙头，一路大哭"大娘啊""婶子啊""奶奶啊"，直哭进门——哭不出来也得干号两声。这门技术我老是掌握不好，早就预备好了直着嗓子叫，没想到一进门，白茫茫一片孝，泪一下子就下来了："大娘啊，哇，哇……"有人拉我，"丫头，别哭了，丫头，别哭了。"于是就不哭了，偷眼从孝布底下往外看，大伯母的几个女儿嘴巴大张，听不见声音——嗓子哑了。

男眷进门，敲鼓一声。他们不用哭，顶着孝帽进门，在院里磕四个头——神三鬼四嘛，撅着屁股，用手捂着眼，"呜呜"两声，再起来一抱拳。礼成。

每到这个时候就很纳闷，想人的生命是怎么回事，死亡又是怎么回事。老是想，老也想不清。

两个月前，大娘还背着粪筐挖药草，那种叫杜仲的，晒干了卖钱，一斤六毛。一个月前住进医院，我去看她，脸蛋儿红红的，蛮精神。半个月前，知道自己的病好不了了，哭了一场，然后交代了一句话：

"我的立柜里，还存着三百块钱哩。可怜我这一辈子，一口好的也没舍得吃……"

听听。一个农村老婆子，喝菜粥，吃菜饭，从牙缝里节省艰难的钱。省下来干什么哩？好像只有一个作用，就是在吃不动的时候拿过来狠狠后悔一把。

说起来，每个人都有最后的遗憾吧，哪怕活到八十岁——也许八十岁的遗憾格外深长呢？

德国的贝阿塔·拉考塔和瓦尔特·舍尔斯搞社会调查，调查对象居然是一些正在走向死亡的人，然后把过程如实记录下来，纂成一本书：《生命的肖像》，因为真实，所以残酷。书里全是众生相，不对，众死相。

里头有一个老太太，瓦尔特劳特·贝宁，80岁。直到最后一刻，她都在躲着自己的丈夫。结婚56年，他们几乎天天闹别扭。"他是一个暴君"，贝宁太太控诉，"我根本没法在他面前有自己的想法。"回忆让她激动得哭。啊，这是一个多么恶劣的家伙啊，他把同性恋的儿子赶出家门，女儿也被逼得远嫁非洲，我恨他！

可是，在临终关怀医院里待了三个星期后，瓦尔特劳特·贝宁突然感到深深的不安。开始向赶回来照顾她的女儿抱怨说自己胳膊打战，疼痛从头部一直延伸到腰部。她哭得很可怜，谁安慰都没有用。最后她说："让我丈夫来！"

她丈夫一听召唤，马上赶来，在她的病床前坐了很久。这次谈话的内容没有人知道，谈完以后，贝宁太太平静地离去了。人的生命像棵树，情和爱就是它的根。伤痛不会放过一个将死的人，除非他肯和解，才能让自己的心灵重归平静。也许早该和解了，真的——不能再犹豫——这已经太晚了。两个人之间本来只隔着一层一捅就破的纸，可是为什么，两个人都以为，隔着的是一座攀缘不上去的冰山呢？

正胡思乱想，炮声大作，这就要送灵了，这就要把一个人彻底送进往事了，这一送进往事，找遍全世界，也再看不见她的影子了。小堂妹二十多岁，一身重孝，哀戚的脸真好看——年轻女人的悲怆真好看。

十来辆农用三轮拉满白汪汪的人，满街的人都兴高采烈看出殡，街边一个小娃娃做蛙跳，一蹦一蹦。

最后目的地是公坟，一个一个的土馒头连成一片，连天蒿草，累累垂垂的刺球儿拼命挂人。大红棺材蛮喜气，我哥拎着大榔头要盖棺，旁边女人们炸了营，一哇声地喊：

"娘，躲钉啊！"

"大姨，躲钉啊！"

"老姑，躲钉啊！"

"娘啊你躲钉啊！"

大家都要撤，堂姐不肯走，搂着坟头撒泼："哎呀娘啊我再也见不着你了呀，闺女想你的时候，到哪儿去找你啊……"我的泪哗哗地又下来了。原来至亲至爱的人，哪怕已经活到七老八十，寿终正寝呢，永别也是回避不了的哀痛。

第一次读《妞妞——一个父亲的札记》，是在一个小书店，和它的相遇猝不及防。事先没得到任何警告，没读过任何评论，没听过一句关于它的推介，一跤就跌进一个陷阱。其时我的小姑娘六个月大，脸蛋白白的，眼睛亮亮的，会翻身，会坐起，会咧着没牙的小嘴儿快乐地笑，吃饱奶没事儿就睡大觉，而在书里，一个一岁多的小姑娘正一边玩着一个小圆板，一边依依不舍地走向死亡。旁边注视她的，是她那心碎的爸爸。

孩子没了，对失去幼仔的父亲来说，任何劝慰都如风刮过，任何语言都苍白得像鬼：

"他们说，现在你解脱了。可是，为什么别的孩子正在阳光下快乐地嬉戏，你却必须解脱？"

"他们来慰问我，因为作为你的父母，世上没有人比我们更加哀痛你的死亡。可是，我们的哀痛算什么，既然我们还活着，死去的是你，仅仅是你？"

"有谁能告诉我，为什么世界还在，我还在，而你却不在了？"

那么，假如把这声声诘问的"你"，换成"我"呢？

有谁能告诉我，为什么世界还在，你们还在，而我却不在了？

为什么别的孩子正在阳光下快乐地嬉戏，我却必须解脱？

你们的哀痛算什么？既然你们还活着，死去的是我，仅仅是我？

这分明是整个人类的哀痛啊，整个人类面临死亡时的都有的不解，不甘，与不肯。

曾经花三天时间，看完惊悚电影《死神来了》系列之一、二、三。最惊悚是第三部。虽然几个青年学生从注定要失事的摩天轮里逃脱，但却在以后的日子里，按照当时坐摩天轮的顺序一个接一个地死亡。死亡过程在意料之外，而一个一个的意外又是一个一个的细节累积起来的必然——原来西方基督教世界里有关"死亡"的命题，和中国传统哲学与神学里的"命中注定"没什么区别。而且他们一旦从这个命题敷演开来，就不存在东方世界的禳解与回避，而是不留情面，一定要死。在这样的电影里，责任、道德、仁义、爱情等都被剔除出列，剩下的就是生与死的对决。只要能活下来，就是成功。问题是，没有一个人逃脱得了命定的死亡。最后，幸存的三个人被困在一列发了疯的地铁里，地铁冲出地面，横卧铁轨，迎面一列火车呼啸而至……看的时候吓得手脚冰凉，气都喘不匀。但是字幕一出来，那种感觉竟然是意犹未尽。

是的，意犹未尽。

意犹未尽的，一方面，也许是对"死"这个千古不解之谜的好奇。另一方面，是敬重生命与死亡的较量。在一场必输的战役里，生命是这样倾尽全力，不遗余力。也许只有到了这个地步，人才会惊觉自己对生命的热爱，宛如银瓶乍破水浆迸，原来是死亡也阻挡不了的纷飞热情，这才真是"死了都要爱，不淋漓尽致不痛快。到绝路都要爱，不天荒地老不痛快"。

可是，问题就在这里。战争完成，命运已定，结局到来，这颗心啊，怎么才能安宁？

今天是个好日子，天好，风好，云好，日好，花也好，河北赵县柏林寺更好。有一样不好，人太多了。到处都是，吵吵嚷嚷，磕头烧香。人一多，脚步就走得快，又想甩开什么，又要追赶什么，心情没有来由地急切和不耐烦。人声喧嚷里，一阵轻微的悉哩嗦啷的声音传过来，几乎听不见，却又在千千万万人声中，清清楚楚听见它响。

蹑足循踪，回廊底下一丛竹，叶枯枝僵。风儿吹过，悉里嗦啷，悉里嗦啷，一下子人静春山空。

你看啊，五九六九，冬末春初，柏林寺里青柏森森，柳丝儿回软，连檐前铁马"叮当——"一声，也带水音儿，别人都活着，火颜崭新的，偏偏它枯了，破了，败了，要死了，说不定已经死掉了，居然很高兴似的，风一吹，窸窸窣窣的。

我不说话，听它响。不对，响的不是它，是风。也不对，响的也不是风，是听它的人的耳朵和心。还是不对。响的也不是听它的人的耳朵和心，还是扑面而来的风。响的也不是风，还是它，从青嫩多汁的年代，经风历雨，噼里啪啦地招摇过长长的一生，然后在万物苏醒的季节里，到达终点，姿态安详。

"桃花流水杳然去，明月清风何处游"，太艳了。"禅味每从闲里得，道心常向静中参"，目的性太强了。"秋云留远寺，明月照禅林"，太朗了。"翠竹黄花皆密谛，清溪皓月照禅心"，又太明显。倒不如这一丛枯竹，它什么也没说，分明又什么都说了。

一场生命，荣也是好的，枯也是好的，响也是好的，寂也是好的，有风的时候它是好的，无风的时候垂头静默，它也是好的。我和它相对的时候，它是好的，我走了，它寂寞着，还是好的。来的时候自然是好的，它去的时候，因为来过，活过，爱过，恨过，亲过，仇过，痛过，快过，也是好的。到最后安详着，自在着，振衣而起，在云水中隐没，是最好的。

那么好吧。结局已经注定，生命已经启程，最后的尽头远远地等待着我们。谁此时孤独，就永远孤独，谁想春暖花开，天心月圆，那就，快快行动。

一江静水澄如练

春暖花开，去看望一个朋友。

我们抵达，他已迎到楼下，化疗化到头发掉光，戴个帽子，瘦得像根弯着腰的绿豆芽。

他的家在我们城区最好的楼盘，家里窗明几净，阳光鲜亮。茶几上摆着果盘，果盘里盛着切成块的梨和剖成块的橙。还有饼干。还有烧饼。林林总总。

他还带我们去阳台上看面盆，里面是他和好的面，中午他要蒸豆包，蒸糖包。

他是食道癌。

坐下来攀谈，自言住院开刀，无法进食，看着别人吃咸菜都觉得是山珍海味。

尚是冬天，出院回家，想着不能就死，起码得撑到春暖花开，"这样弟兄们送我的时候，就不能冻着了。"一边说一边呵呵笑。

同行女伴不肯提这个"死"字，总是拣宽心的话说给他听，我却是看着他刀条一样的瘦脸，想着从前，一米八多的大个，四四方方像块厚板砖，于是宽慰的话就有点说不出来。

他却是对"死"字毫无忌讳，他说我现在活的每一天都是赚的，天天高兴。他说回来之后，还是吃不下东西，结果有一天晚上，实在馋了，试着吃了一小汤匙的鸡蛋羹，已经做好咽下去之后再返吐上来的准备，谁想竟然顺着食道滑下去了，堪惊堪喜。第二天晚上又尝试吃了两根细挂面，也顺着食道滑了下去，更是喜气重重。

然后就是现在这样了。茶几上摆着以前也许他觉得不屑一顾的平凡吃食，时不时拈一点送入口中，觉得真幸福。还猛力撺掇我们吃一点梨和橙，吃两片饼干，吃一块烧饼，觉得看着我们吃，也是幸福。

朋友一生打拼，事业有成，以前也许觉得能出名是幸福，能得利是幸福，能买房置业是幸福，儿女事业有成是幸福，自己得人敬重是幸福，现在，这些功利世俗的幸福和人间牵绊的幸福都已经不挂在心上，能吃两口饭，吃半杯水，就是最大的幸福。而能亲手做饭亲自吃，更是幸福中的幸福。

那么，我那一肚子安慰普通的绝症病人的话，面对一个不惧死也不忧生的人，也就不必说出。

临走前开口向他求了一幅字——他原本就是一个书法家。可惜此前烟火气很重，所以三年前搬新家，思来想去，也没有敢向他求字，因为求来的字，不知道如何安放。放角落是我不忍，挂墙上是我不愿。如今却是一身尘气尽脱，他的字给我的感觉和他的人给我的感觉，就整个都不一样了，以前好比春花春鸟春气喧，如今却是一江静水澄如练。去年有几天心不静，爱看河边秋月。夜坐堤岸，水拍崖响，头顶一星，云鳞如梭，虫唱入耳，万籁俱寂。坐上一时半刻，便又有胆量回去直面万丈红尘。

明治时代的日本有位乐乐北隐禅师，有一天，对一个侍奉自己多年的比丘尼说："你已经照顾我好多年了，很辛苦。今年过盂兰盆节的时候，咱们就告别吧。"

尼姑只当他在开玩笑："老师父，您是要死了吗？可是盂兰盆节的时候，大家都很忙，要为施主们作法事，那时候为您操办葬礼，我们会手忙脚乱的。"

北隐一听，好吧，那我今天就死吧。

尼姑说您着什么急呀，今天死，我们一点准备也没有呀。

"是吗？"北隐说，"那我明天死吧。"

尼姑笑着摇摇头，想着老师父真会开玩笑呀。

结果第二天正午之前，北隐禅师沐浴净身，盘腿而坐，唱起佛教歌曲《净琉璃》，众人俯首静听，万虑顿息，不知何时声渐不闻息渐歇，北隐禅师已振袖归隐。

佛陀圆寂前对哀哀哭泣的弟子们说：弟子们，你们为什么要伤心欲绝呢？天地万物，有生有灭；大千世界，最大的实相就是无常。生死，聚散，荣枯，住坏，乃是万古不灭的定律呀。

《禅的智慧》的作者吴言生说，当一个人能够泯灭了包括"生"与"死"在内的一切对立，人生真的能够通达洒脱，左右逢源，触处皆春："……自与他的区别云散了，就能领悟万物一体息息相通的情趣，培植无缘大慈、同体大悲的襟怀；生与死的矛盾化解了，就能打破生死牢关，来得自在洒脱，走得恬静安详，使生如春花之绚烂，死如秋叶之静美……"

那么，一个勘破生死牢关，握住幸福真义的人，也就与佛无二了吧。

（注：这位朋友已于夏末秋初往生——果然不肯冻着前来送行的朋友们。我亲爱的朋友，一路走好，一路走好。）

长在屋顶的花

叔叔殁了。

回去奔丧。

昨天刚回去探望过他，气息粗沉，昏睡不醒。我叫他，完全没有反应，只呼吸停顿了一停顿。两个出嫁的女儿随侍在侧，招赘在家的大女儿去收玉米。

今天到家，母亲和我进灵堂哭着拜祭——不晓得哪个朝代传下来的规矩，男人拜祭只磕四个头就完事，女人拜祭却要坐在灵前拍着大腿哭。真是至恨。感觉像唱戏。

哭完坐在旁边守灵。

老旧的冰棺上用乡下土字写着租赁冰棺的联系地址。土红的油漆。供桌上放苹果、橘子，面包、饼干，饭，灯——一碗棉芯棉油的长明灯——死人吃饱喝足，提灯好走冥路，活人的太阳照不进阴间。冰棺上又放一辆纸做的汽车，是要人开着汽车上路吗？没有驾驶本怎么办？

守灵就是几个至亲女眷坐在一起，有女客来吊唁，就陪哭。一早晨就这样号了又号，在强逼出来的哭声里回忆起平时早已淡忘的逝者音容。

对叔叔最大的印象来自小时，大概不过四五岁，一日疯跑进厕所——农村厕所不分男女，是人皆可蹲矣。他正蹲坑，我扫一眼，胯间累累一坨不知道是个什么，吓得往外就跑。这个细节我若不说，这个世界上，放眼全球，也再不会有第二个人知道。

叔的个头尚不及我高，梳大背头，面白皙，嘴角边好像有一痦子，记不真切了，毕竟好多年疏于联络，只每年回家看望父母，在和我哥家斜对过的街角，他和我婶炸油条。近几年我回家的次数少，见他就基本见不着，因他不再能干活，一走路就摔倒，一走路就摔倒。

哭声也要节约，停灵三天，吊客不断，到最后哭不出来静默一片才是难看。是以客哭即哭，客止即止。这一刻还哭得来痛断肝肠，下一刻开始说机器收玉米，一亩地多少银子，又说葱六毛钱一斤。还谈到一个傻女去世前自择坟地，要埋在哪里哪里。家人遵照安排将她入葬，正冲大道。大路如箭，风冷如刀，这样好吗？我听着这样的做派觉得熟悉，一问果然是老同学。她不傻，就是有点"二"。生了孩子，尿布用高压锅蒸。幼年一起写作业，一群村里的娘们儿谈论男女之事，我红着脸走开，我嫂子说你别听了，也走吧啊，她说怕啥，什么我不知道！她患的是癌，身后一儿一女。

吊客哭"兄弟"的最伤情。一个苍老的声音一边喊着"我那兄弟呀！"一边哭进来，是一个大娘，八十多岁。我的眼泪刹那崩堤。

我的老父亲病瘫在床，再也没机会来喊一声"兄弟"。爷爷早逝，兄弟两个跟着寡母相依为命，如雨打漂萍。昨天我们回村里看望叔叔，爹问去做什么，娘说回去看你兄弟。爹问病得厉害吗？我娘说反正你们这辈子见不着面了。他正吃饭，撂了碗哇哇大哭，如同婴儿。今晨天还黑早，我们准备起身，爹又问做什么，我娘说："你兄弟死了。"我爹"哦"了一声，又睡了。他老了，七十五岁，躺在床上，时而糊涂，时而清醒。那阵子想必正糊涂着——我倒愿意他这么糊涂着，世上事最难受的就是清醒。果然，我们回来后，他问："我弟的病好了吗？"

叔叔小他三岁，享年七十二。我闫家一脉，叔伯俱已过世，深冬枝叶凋零，唯余我爹树头一叶。

婶婶沉默地出出进进，一身绿毛线衫裤，衬着灰暗陈旧的乡村洋灰房子的迁檐绿柱，很是相配。她属于这里。很多人出出进进，他们也都属于这里。我不属于。少小离家，我是无根的游子。

一门亲族齐上阵，无论男女，个个神态平静从容，显的是在担当着大事。亲族执事新老交替，老一代逐渐谢事，新一代正渐渐上台。这一帮人明天还要相帮着一个堂兄家娶媳妇过喜事。手足聚居，守望相助，水一样绵延不断的农耕文明啊，就是这么代代延替。

吃饭了。白面馍，杂烩菜——粉条肉片熬冬瓜。我娘给我端了一碗，拿一个馒头。我扶筷子就吃。有点淡，味道蛮香，可以把馒头泡汤里。我叔的二女儿也肿着眼睛出去舀了一小勺菜，拿一小块馒头，回来在灵前的空瓶里一点一点加菜，放馒头，一边说："爸，吃饭了，来，吃点冬瓜吧，还有馒头。"我好惭愧，居然忘了这回事，一边吃一边心里给叔叔道歉，已经动过筷子的菜，不能再往瓶里装。招赘在家的大姐不肯吃，我给她端了一碗菜，也掐了一个馒头过来。她接过来也往空瓶里放菜、馒头、汤，一边说爹，你闺女不孝顺，手又笨，没有伺候好你，老是让你吃馒头泡菜汤，今天还是让你吃馒头泡菜汤……一边就泪崩哽咽。四十五岁的人，皱纹比我的深，比五十岁的都深，比五十五岁的也深。

叔叔出殡在即，大家都忙忙碌碌，婶婶过来自己掀开深蓝的绸单，最后看一眼老伴的容颜。她和叔叔一辈子打吵，差不多算是怨偶。逝者已矣，面对死亡的永远是生者。

同学去农庄度假，发照片：长在头顶的瓜，栏里探头张望的猪，长在屋顶的花。多少农耕时代的生命，冷冷热热、甜甜苦苦过一生，到最后连句"天凉好个秋"的慨叹都欠奉。一生咽过多少热泪，吃过多少辛苦，滚过多少钉床，咬碎几许牙龈，有过什么样的喜愁怒恨，他讲不出来，旁人亦听不明白。像一首无言的歌子，又好像凉秋里那枝长在谁家屋顶的艳艳的曼陀罗花，发不出声音。

别后寒云路几重

李密在他的《陈情表》里说过这样一句话：人命危浅，朝不虑夕。这八个字感觉直入人心，超出了特定情境，成了一种普遍的人生规律。

想想的确是这样子的。有哪个人可以千秋万代地活？有哪个人可以预先准确知道自己何年何月的死？有哪个人事前预见到自己和生命解除约定的方式？人的性命如同一杯水，被不知道哪只手端过来端过去，不定什么时候，就会倾侧翻覆，覆水难收。

人活一世，歌哭笑骂，争斗算计，千般计较，万种思虑。到了最后，两眼一闭，一切成空，只剩下活着的人承受思念和回忆。所以说，死亡这个过程里，最轻松的是当事人。

亡者逝，生者祭，这个有关生命的事件才能圆满结束。

我们老家农村，哪家人家"老"了人，需要"过事情"。就是同宗同族的人相帮，举行种种仪式，直到死人入土为安。死了至亲的这一家男男女女，不需自己劳神费力张罗各项事宜，量布，做孝衣，通知亲友，买菜肉做席面，事无巨细，放手即可，自有主事人一一安排妥当。主家的人只需要按辈分和亲疏穿上不同等次的孝衣，在亡人身边环绕，随时准备高哭就可以了。

邻里街坊、亲好故旧都会照惯例去祭一祭。男客未进丧主家的门，专司报信的人就会在门外打鼓一声，孝子们就知道是男客来吊了。执事高喝："上香！烧纸！"就有专人在殁了的人的头前的烧纸盆里化一分纸钱，这吊客辈数小的跪在灵前的院里呜呜哭上两声，辈数大的站在那里双手抱拳施上一礼，也就罢了。客人转身欲走，执事又叫："回礼！"男孝子们穿重孝披麻衣分列两厢，跪地还礼。

倘是女吊客，事情要麻烦一些。走到门首，报信的就会敲两声鼓，然后下面就是女孝子们的事情。亡人的媳妇，闺女，侄女孙女等等，哪怕正在两边房间坐着说闲话，听到鼓响，也要赶紧把孝巾往头上一蒙，快速出至前厅，按辈分和地位在亡人两边排序坐好，竖着耳朵听院里女吊客发出的声音。这女吊客进院就哭，有的不进院就开始哭，一直哭到灵前。哭有讲究，既不能是无声之泣，也不能是无泪之号，要哭得痛切，真实，肝肠寸断，和婉转悠扬，才算得真本事。一路哭来，行到灵前，一屁股坐下，以手抚膝，唱也似拉长了声音历数亡人的种种好处和自己的哀哀痛心。所谓长歌当哭，这里不然，这里是哭似长歌，要有词，有曲，有调门高低。往往乡里评价一个女人会有一条：某某可会哭了。女孝亲们听到院里哭声甫起，即忙忙接声号哭，一霎时人声鼎沸，气象壮观。旁边有专门掌管哭的火候的长辈，一看差不多了，就会挨个拍一拍："别哭了别哭了，人死不能复生，别再哭了。"于是陆续住声，撩起孝巾，擦擦眼泪。不亲不近的哪里有泪可擦，别人哭不可抑的时候，她早已经悄悄止了声音，在孝巾下露一只眼睛静观场面。也有一些例外，比方说，媳妇不孝，老人去世了，这媳妇需要披麻戴孝，灵前大恸。长辈们就会商量，不拉她，让她使劲哭去，让她活着没好好孝敬。于是这媳妇只好一边心里暗骂这些老不死的家伙们使促狭，一边嘴里不断地叫着我那亲娘啊我那亲爹呀你死了我可怎么孝敬你老人家呀啊啊啊哭个不歇——没人劝，歇不下来。

入土为安前，死者不论已成他前生的现世多么的冷落凄凉，无人奉养，都得需要接受黄昏烧纸，晨起哭灵，人来客往，车马纷纷的三天五天或者七天的暴露，真是不幸。

说实话，我是适应不了这样的场面的。人有悲伤，尽可有多种表达方式，为什么一定要程序化地人来就哭，人走就止？再大的悲伤，也就这样给耗尽了，只觉得有些登台唱戏般的滑稽。真正亲近的人，不用哭，心里也是痛的，不亲不近的人，再哭，心里也无所谓，转身就可以说说笑笑。所以陶潜才会说："亲戚或余悲，他人亦已歌。"人活一世，已是种种虚伪，到死来还弄些虚花头有什么用处。大概也只有"死去何所道，托体同山阿"最为真切。

这是凡俗人等对于死亡所搞的一些仪式。我等俗物行事坐情拘以礼，不适应也要适应，这是没有办法的事。

智者达人也祭，他们的祭，随性率真，不问世情。

庄子这个家伙平时都生活在梦里，不晓得哪里是幻哪里是真，做个梦梦见蝴蝶，也要犯犯迷糊：是我梦见了蝴蝶呢？还是蝴蝶梦见了我呢？老婆死了，于他而言，只是如蝉之蜕，如焰之消。脱去人生之苦，消解形骸之拘。所以不悲不叹，竟然箕踞放歌——也就是伸长了腿，敲着瓦盆唱歌。这种祭够达观，十分另类。

诸葛亮把周瑜气死了，然后又去江东吊孝。祭文里竟赫然有"从此天下更无知音"之句，觉得十分矫情和可恶。就是看连续剧《三国演义》，唐国强饰演的诸葛亮在灵前拜祭，念着祭文涕泪纵横，也十分不理解，觉得虚伪。后来再读《三国》，竟然真的读出些别的况味来。试想诸葛亮虽然经纶满腹，机智过人，但是一无背景二无后台，全仗一个卖草鞋的皇叔青眼相加。历史上所有"忧谗畏讥""宠不足恃"垫底的不对等关系，到最后难得有非常圆满的结局。他的仕途其实难关重重，如同针尖上舞蹈，战战兢兢。周都督是何等人物，白衣胜雪，年少有为，竟然绝对投入地和一个初出茅庐的寒士较真怄气，且哀叹"既生瑜，何生亮"，这对诸葛亮是一个多么大的衬托。同时，英雄遇到敌手，可以酣畅淋漓地斗法，可以电光石火的碰撞，在针尖对麦芒的斗争中体会棋逢对手、将遇良才的快感，又是何等令人迷醉。他的死去，使诸葛对外少了一个映衬自身价值的天平，对内少了一个堪作真正对手的将军。世间寂寞，一是少知音，一是少敌人，卧龙先生既失了敌人，又失了知音，他的祭文和眼泪，其实浸透了自己真真实实的痛惜。

世说新语里我最喜欢看的就是伤逝一章。

孙子荆高才，一生不曾服人，只敬服王武子。那个农耕社会里畜影不离人左右，鸣声只在耳东西。王武子颇爱听驴鸣，想来平时孙子荆也经常演练给他听。真是，至交之间，命尚且能为对方舍，又有什么不肯做的？结果王武子去世，孙先生在葬礼上洒泪说："卿常好我作驴鸣，今我为卿作。"当着满屋吊客，他的"哔哔"驴鸣"体似真声"——如何不真，这是最后一次为好友送行！结果招来一阵耻笑。孙子荆真是愤怒："使君辈存，令此人死！"（老天爷让你们这种人活着，竟然让这个人死去！）男儿有泪不轻弹，只缘未到伤心处。越是清俊、高雅的人，越不肯妥协了世俗，慢待了知音。这样的祭，荒诞的外衣包裹着最真实的哀痛。

最凄凉是王徽之、王献之兄弟。二人同时病重，结果献之先亡。王徽之强扶病体去奔丧，坐在灵床，想要弹献之留下来的琴。想来平时兄弟们平时也是琴韵相和。结果弦音不调，王徽之叹一声："子敬！子敬！人琴俱亡。"恸绝良久。一个月多一点，他也死去了。写到这里，我好像看到徽之身后飘零的黄叶，被风卷到这里，又卷到那里。祭人也是祭己，生命尽头竟是如此悲哀。

人的生命，由无中来，经过长长一段有，再走向虚无，本来是自然规律，无可抗拒。只是这有知有识的一段日子，有七情，有六欲，有至亲骨肉，有外戚朋友。自己死去不觉得，徒留下生人无限思量，终成空想。不尽悲哀，对景难排。

我不敢老

我爹老了。

躺在炕上，眨巴眨巴大眼睛，不认识来的都是谁。他不久前才从城里的我家搬回乡下——工作原因，我不能再照顾他，只好叫一辆救护车把他和母亲送回村子里。堂哥堂姐堂弟堂妹堂嫂弟媳，还有他的八十多岁的上了年纪的老嫂子和六七十岁的老兄弟，都来看他，挨个问他："我是谁呀？"他就嘿嘿地笑，笑着笑着又咧开大嘴哭。我娘在旁边说："傻子。"

我也照样问："爹，我是谁呀？"

他翻着眼睛看我，我也歪着头看他。

他想啊想啊。

我伤心了："你真把我忘了啊？"

他很吃力地喉咙一动一动，僵硬的舌头在嘴里打转，好像一条庞大的狗在狭窄的狗舍里打转，含含糊糊说："哪……哪有。"

"那我是谁？"

"你是……是……荣霞！"

吓我一跳。

外面下着大雨，我睡得香甜，哗哗的雨声正好助眠。迷迷糊糊听见嗡嗡的声音，好像沉在水底的人听着岸上打鼓，响动遥远而模糊。猛然间一声大喝"荣霞！"我一哆嗦，激灵一下醒过来：我爹趴在窗户外面，手遮着光往里张望，一脸焦急和张皇。我哎呀一声叫，爬起来拽开门闩就往外跑——要迟到了！

穷人命贱，我生来就只被家里人"丫头""丫头"地叫，上学后老师才给我起学名叫"荣霞"，却从不被家里人承认，只在学校通用。这一声"荣霞"好像上课的钟声，让我清醒得不能再清醒。学校离家远，又没有自行车，中午跑回来吃口饭，原本想着躺躺就走，哪想到睡这么沉！我爹忙着把一块透明塑料布对折，用绳往中间一穿，然后往我脖子上一绑，就是一个雨披。头顶被他扣上一顶旧得发黑的草帽——我家没伞，在他的目送下我冲进茫茫雨幕。

事后我娘跟我说：你爹叫你一声"荣霞"，浑身发冷。

——其时我十三岁，读初二。如今我已经四十三，时隔三十年，我又听见他叫第二声。

然后他看着我惊骇的表情，嘿嘿地笑，嘴里的牙已经掉得只剩两三颗，调皮地露着。谁说我爹傻，他还逗我！

一年多以前，他和我娘还在我家住着。前夫出轨，为遮掩过错，反咬一口，说我不良，挑动一家十口把我打到腰椎骨折。半个月后，我从医院扶着腰回到家里，父亲拄着拐杖从他的房间出来迎我——真怀念啊，那个时候，他还能站得起来呢。就站在那里，看着我，不动，不说话。我笑着说："爹，我没事，放心吧。"他还是看着我，不说话。

自始至终，没有对此事评论一句。他好像知道，又好像不知道。我倒宁愿他什么也不知道。反正我被一干壮汉围殴，在楼下团团打滚的时候，正是夜里，他在自己的房间，坐着看电视。我躺在医院里，已经叮嘱过女儿，别让你姥爷知道，若他问起，就说我出差了。可是为什么他看着我的眼神，竟然那样悲伤。我娘说："你出来干什么，别摔着，赶紧回屋去。"他就一步一蹭地往自己房间挪，塌着肩，像扛了一座无形的山。

小的时候，他带我去地里，说："丫头，把这片棉花锄一锄。"于是我就乖乖地把所有刚出土的棉苗都给锄下来了。他看着一地棉苗，叹口长气："嘻——"

我上高中的时候，全乡中只有我一个应届生考入县一中，他套着大马车送我。

议婚的时候，小孩的爷爷（我被群殴的时候，他是现场总指挥）说："荣霞过了门，我们一定会好好待她，不让她受一点委屈……"我爹回来后黑着脸，说："还没订婚呢，先说起过门的事来了！"我娘说："不舍得了吧。再不舍得你闺女也得出嫁。"

生了小孩，满月回娘家，他套着大马车来接我。回去一看，母亲和嫂子正吵架，我恨这不太平，收拾包袱要走，我爹怔怔地看一会儿我，扭头去了西屋。我赶过去一看，他蹲在地上，肩膀一耸一耸的，没有声音。地上一滴一滴的水砸下来，像大血点。那是我平生第一次见他哭。

夫妻分崩后的第一个大年初一，还是在我家，吃过饺子，换过衣服，我走进去，对父亲说："我给您老人家磕个头吧。"然后趴下，恭恭敬敬地，磕头。父亲老泪纵横。

他三十多岁才生下来的小女儿，被娇养长大的小女儿，从来不舍得骂过一句、捅过一指头的小女儿，千辛万苦才供出来的大学生小女儿，长这么大从来没有给他磕过一个头，我给他磕第一个头的时候，他已经七十五岁了。

这么多年，他一直憨厚而沉默，我一直叛逆和孤独。我好像生下来就已经四十岁；又好像虽然四十岁，心里还关着一个耷拉着脸的别扭小孩。可是我和他在一起，虽然沉默，却不尴尬，好像静水流深，水上是静默的长脖子鹅。这种感觉让我们俩都很享受，他就很自在地端坐着，我就很自在地嗑瓜子。

直到去年冬天，他从床上摔下来。我一个人在家，背也背不动，抱也抱不动，没奈何揽着他在凉地上坐着。还没供暖，给他围上被子，像拥着婴儿。猫咪在门边探头探脑，他就说："看，猫想来搭把手呢。"又跟我分析，说："一个人抬不动我，得两个人。"我说爹，你看你的黑头发比我的还多，长寿眉没白长。他说："长寿眉还管这个呀？"我说长长寿眉的人能活大岁数，头发就白的长成黑的了。他又说："动不了是个麻烦事。"印象中，这是我和他交流最多的一次。

后来，他就彻底卧床，神智越来越退缩，好几天晚上喊叫着要起床锄地，又骂我娘："天亮了，还不做饭，你想饿死我？"我娘说你去说说他！我就去跟他讲："爹，你晚上闹，我睡不好，白天打瞌睡，上班老挨骂。"从此他再没有晚上闹过，越来越安静，像一个听话的大婴儿，让睡就睡，让吃就吃。我娘说："你爹就听你的话。"我长长叹口气。我倒宁愿他闹啊。

现在，他差不多算是彻底回归到婴儿状态，绑在他身上的那些看不见的绳绳索索纷纷解体，他想哭就哭，想笑就笑，大小便也不加控制，苦的累的是我的娘，我娘骂他，他就那样"嘻嘻嘻，嘻嘻嘻"。我争取尽量多地回去，可到底不能像以前，转个身就能看见，推开门就能看见，下个班就能看见。每次回娘家，我都歪着头逗他，他也识逗，乐得嘎嘎的。近来的保留节目就是问："我是谁呀？"

他就一如既往地回答："荣霞呀。"

我要走的时候，就跟他招手，说："爹，再见，再见。"他傻看着，我走过去，举起他的手摇晃，说："再见，再见。"他学会了，就冲我缓慢地举起手，五指一张一蜷，说："再见，再见。"我笑着出门，又回头警告他："我再来不许认不得我啊。"

"哦，哦。"他乖乖地点头。

坐在回程的车上，全身好像被抽了筋，脸上摆不出一点表情，什么也不想干，就想找一个没人的地方大哭几声。傻子都知道他在一步步迈向黑暗的死亡——对他来说未必黑暗，说不定走过黑暗的深渊，灵魂可以自由飞翔，可对我是深不见底的墓坑。没有人再把我像他那样疼，我的世界很快就会没有温暖和光。

可是我必须笑，只能笑。四十多岁的女人，疲惫得只恨不得快快卸下一切重担，可是还要逗爹玩。如今才明白老莱子斑衣戏彩娱亲的心情，他何尝不累，却是双亲在，不敢老。

爹呀，我也不敢老。

女儿枕

母亲抱过来一个枕头，说：给你枕。

我接过来细看，然后大笑。

这枕头，拳头大的蓝圆顶，用数十年前流行的女红工艺"拉锁子"，各勾勒了两片南瓜叶，一朵五瓣花，三根卷须子。蓝顶周围又镶了一圈四指宽的果绿布。大红绒布为身，红布身和绿枕顶接壤的地带，又一头用两块小小的菱形花布缝上去做装饰。整个枕头，两头粗，中间细，娇俏，喜庆，憨态可掬，像个小胖美人掐着小腰肢。

让我想起十六年前的小女儿。她刚满一周岁就被送到农村，我娘把小丫头喂养得白白胖胖，穿着她特地给做的裹得紧紧的小棉袄小棉裤，在这样大雪纷飞的季节，整个人像一个瓷实的小棒槌，小脸蛋红润发光，像石榴籽，嘻着小红嘴，嚷嚷着："耶耶耶！"手舞足蹈，兴高采烈。

我娘的手极巧，她是飞翔在柳润烟浓土膏肥沃的农耕时代的一只红嘴绿鹦哥，若是出身富贵，那便是整日不出绣楼，绣香袋、描鞋样、给哥哥兄弟做丝绫覆面的鞋；即使出身寒门，纳鞋底啦、绣花啦、给小娃娃做老虎鞋啦，没有不拿得起放得下。

在做这些针头线脑的活计的过程中，她入神地哼哼唱唱如波平水镜，映照出一个乡村少妇恬静自足的内心。那一刻，她忘了囤里没有余粮，炕席底下没有余钱，将近年关，大人娃娃的新衣裳尚且远在天边，猪肉也没得一斤。好像用一根银针穿上五彩丝线，便能够绣出一个明丽如绸的春天。而我那经常被心烦的她呵骂的惊惶的心也踏实下来，无比安定，守在她的身边，像一只猫咪晒着太阳卧在花丛。

现在女儿已读高中，青青子衿，悠悠女心。人也拔条长开，像竿青竹绽着碧叶。她大了，我老了，鬓边银丝初现，我娘更像根老去的芦茅，银发纷披，一根黑丝也看不见。

今天颈肩疼痛，起动困难，病卧在家，渐觉烟气笼人，呛咳流泪，回过神来，劈破音地大叫："娘——娘——""咔嗒"一声门响，母亲从她的卧室里冲出来，一迭连声地说："坏了坏了！"

不用她说我也知道坏了。

撑着爬起来，出去看，她又在熬花椒水！又忘了关火！

昨天夜里她熬花椒水熬到干汤，幸亏我先生凑巧进厨房，替她把火关上。看着今天又被烧得通红的铁锅，我摁着疼痛的颈椎，口气怎么也轻松不起来：

"花椒水这种东西，本来就是可用可不用，以后把这道工序省了！不要再熬了！"

我的母亲好像没听见，开油烟机，开水龙头，开窗，冰冷的西北风扑面迎上。我兀自检查炉灶，排查隐患，过一会儿才随口问："你熬花椒水干吗？"

她扭过头来，看了我一眼，说："我想给你做臭豆腐……"

那一眼让我的心霎时间如同刀剜——她那张皱纹纵横的老脸上，是满满的羞惭。

什么时候，她这么老了？

从我记事起，她的两颊就酡红平展，像枚光壳的鸡蛋。农村妇女不懂打扮，平时只用猪胰子洗脸，活脱儿把她洗出一副好面相。可是现在她脸色灰黄枯干，脸上是纵横的沟壑，嘴巴可笑地向里瘪着——安了假牙后特有的情状——一副老婆婆相。

现在才恍然惊觉：她有好久不再像爆炭一般发脾气、骂人；她戴老花镜也戴了好多年；而给小老虎头鞋上绣花似乎是上辈子的事情。不知道打什么时候起，她就偷偷老在我的面前。

农村苦寒，这几年她都和老父亲一起搬来依附我过冬，刚开始还颇有精神地说我买米费钱，买面费钱，买东买西一概费钱，还想替我当家，我坚决不让。笑话，那是我的家啊我的家。现在我买东西她不再挑剔，我下班回家也不会见到她冲着我使小性子发小脾气，躺在炕上不吃东西——母亲五岁失母，上有父亲以及两兄一姐，自是对她倍加怜惜；结了婚我父亲性子温厚，也同样对她倍加怜惜，所以她的发脾气使性子是经常的事。躺在炕上，"哼哼哼，哼哼哼……"我爹端着饭碗，说："起来吧，吃口东西……"

跟我住后，还是那样："哼哼哼，哼哼哼"，我爹已经得了半身不遂，有心无力，眼巴巴看着我，我只好去劝："起来吧，吃口东西……"直到她觉得收到的关心够了，又开始高兴，整座房子都回荡着她"嘎嘎嘎"的笑声。我把自己锁在房间，猛拍键盘……

她爱闹，我爱静，她轻浅，我沉重，我们母女，真是天生的眼不对睛。

可是今年我买东西她一概说好，我回到家桌子上已摆好热饭。除此之外，几乎感觉不到她的存在。她的房门紧闭，没有丝毫的声息外泄。

她的人生已经结束了征战，她拱手让出生活的所有大权。只保留一点根据地小如鸡蛋，在这个鸡蛋壳里竭尽全力做道场。我每天都能享受到"亲娘牌"的丰盛午餐：

一盆腌酸菜——芥菜疙瘩和萝卜缨，洗净，切丝，加水，冰天雪地地放在外面，一直到它糟得酸了，然后拿来，汤汤水水，略加一点盐花，吃一口，奶酸宜人，喝一口汤，冰凉舒爽。

一盘素菜饺——韭黄、略加两个鸡蛋，粉条。

一碗盐腌的白菜根——叶子被母亲给我熬菜或是包饺子吃了，根也给我加盐腌起来，知道我爱吃这样家腌的小咸菜。

一碗面片汤——面片是她亲手擀的，辣椒油和蒜瓣炝锅，冰雪寒天，喝上一碗，浑身都暖。

一盘豆面儿和小米面混蒸的窝窝头。她亲手蒸的。

麻花——她亲自和面，亲自放上黑糖，亲手炸的。

样样都是我爱吃的。若不是熬花椒水熬出祸来，过两天，我就能吃上最爱的臭豆腐了。

外面觥筹交错，不抵娘熬的一碗薄粥。

外面山珍海味，不抵娘蒸的一个窝窝头。

可是今天熬花椒水被我禁止，明年，谁知道又会以衰老为由，禁止她的什么技能？我享受娘饭的机会，就像拿在手头的钞票，只能是越花越少，越花越少。

可是我的娘啊你又为什么羞惭？

你觉得你的衰老是可耻的，你的无力让你无能为力，可是你的面前是你亲生亲养的女儿，你情不自禁露出的惭色，是对我的鞭挞和斥责。鞭挞我的坚硬，斥责我的冷漠。每天回到家仍旧是工作连着工作，何曾坐在一起，和你话过一回家常？我的心裹着一层厚厚的茧，外面还裹着一层冰霜。

我的自责闪现，她马上把惭色收敛，像是冰皮快速没入水面，把注意力转到我脖子上面，试探地揉一下："疼啊？"

我不在意地闪开："没事，老毛病。"时至今日，不管你相信不相信，我已经不再习惯和任何人，哪怕是亲生父母的任何触碰。我这个冷情冷心冷肝冷肺的女人。

"哦。"她转身进了自己的房间。

我吃饭，午休，午休完毕起来做事，一气埋头到傍晚。她进来了，抱着这个枕头，说：给你枕。

我抱着它，又笑又疼。天知道她怎么戴着老花镜，拈着绣花针，针走线绽，做这项对于七十岁的老人来说十分浩大的工程？

城里人枕洋枕，乡下人枕圆枕，像这样中间掐腰的枕头我平生仅见。我娘没学过历史，也没见过"孩儿枕"，不知道有个瓷做的小孩儿，跷着小光脚，洼着小腰，趴在那里眯眯笑；她只是福至心灵，专给我这个四十岁的老姑娘做了一个"女儿枕"。我决定不用它睡觉，要安放茶室，当成清供，明黄的榻上它安详横陈，如同青花瓷盆里水浸白石，九子兰生长娉婷。

可是她说："要天天枕着睡觉啊，治颈椎病。"

母亲又走了，轻手轻脚回她房间。

暮色四合，一室俱静。

我搂着枕头，像搂着一笔横财。

2012—2013 学年湖北黄冈八年级上学期期末考试语文卷